La méthode Gesta

Madeleine Gesta
Danièle Lederman

La méthode Gesta

Pour vivre au mieux de sa forme et mincir de plaisir

Albin Michel

Ouvrage publié
sous la direction de Mathilde Nobécourt

Danièle Lederman, journaliste, a publié

Du Côté des enfants, éd. Calmann-Lévy, 1991

La Fosse aux loups, éd. Michel Lafon, 1993

Colbert Bonaventure, mineur de fond, éd. Michel Lafon, 1994

Avec Marie-Laure Cépré, *L'Année de la lune rousse*,
éd. Michel Lafon, 1993

22, rue Huyghens, 75014 Paris

ISBN : 2-226-08493-2

À mon maître, le Pr Trémolières, avec qui j'ai découvert les inépuisables, les incommensurables ressources de l'humain.

À ceux que j'espère avoir aidés, qui m'ont enrichie de leurs espaces secrets et donné le bonheur de les voir refleurir.

Sommaire

INTRODUCTION
V I V R E

Certains êtres humains me font penser à des mouettes aux ailes recouvertes de mazout. De pauvres mouettes alourdies, encrassées par une pollution impitoyable et qui ont perdu leur raison d'être. Elles ne peuvent plus voler. Bloquées sur le rivage, elles contemplent avec nostalgie la vie, la mer, l'île qui leur fait face.

Si on leur nettoyait les ailes, elles retrouveraient leurs capacités. Un instant d'étonnement, et elles s'envoleraient alors, avec bonheur et fougue, jusqu'à cet horizon inespéré.

Quand je vois un être humain ne plus jouir de toutes ses possibilités, il m'arrive aussi de penser à un chef-d'œuvre en péril. Et je me dis toujours qu'il ne faut pas attendre une maladie, un accident ou une infirmité pour avoir conscience du bonheur de vivre la vie.

Je ne connais aucune machine plus parfaite que le corps humain. Tout est merveilleusement agencé. Nous possédons des milliards de cellules fort « intelligentes », programmées pour garder l'utile et rejeter l'inutile. L'appareil digestif, instrument fabuleux, sait, lui aussi, conserver le bon et éliminer le mauvais. Nous sommes dotés de 9 000 papilles gustatives, chargées de déclencher la jouissance. Oui, la jouissance ! Elles sont, en outre, capables d'identifier tout aliment, bon ou mauvais, et de transmettre des informations au cerveau. Notre organisme produit de l'insuline pour maintenir l'équilibre en sucre indispensable à notre métabolisme, ainsi que de la bile pour neutraliser l'excès de graisse. Il s'apparente à une pharmacie : il produit une hormone d'« harmonie », proche de la morphine, quand notre tête et notre corps sont en accord parfait au cours d'un acte volontaire.

Des « éboueurs » veillent et interviennent quand nous recevons un élément nocif, quand un excès de sucre ou de vin épuise le pancréas, quand trop de graisses ou un aliment altéré mettent le foie à mal. Ils réagissent alors et essaient de nous obliger à en tenir compte en nous envoyant des messages. *A contrario*, le tapis rouge est déroulé pour accueillir les bons éléments. Toutes les portes de notre organisme s'ouvrent alors, car celui-ci sait instinctivement ce qui lui réussit et ce qui ne lui réussit pas.

Tout serait merveilleux si les rouages de cette machine étaient bien utilisés. Las ! Nous ne fonctionnons qu'à 30 ou 40 % de nos possibilités, de nos ressources, de nos facultés. Bref, nous ne « vivons » pas complètement. Quel dommage ! Quel gâchis !

Vivre... Pour moi, c'est justement jouir de la plénitude de ses émotions, de ses sensations et de ses fonctions. Les épanouir, les aiguiser, les renforcer dans tous les domaines : sensoriel, mental, émotionnel, pour agir plus efficacement, multiplier les découvertes et les expériences, mieux se connaître, mieux réfléchir afin d'orchestrer ses capacités, ses potentialités, et d'aller vers ce que l'on souhaite. C'est bien dormir, bien aimer, bien travailler, bien communiquer... Tout cela m'apparaît d'ailleurs comme le moyen souverain pour lutter contre la barbarie qui ne respecte nulle vie sur cette terre, ni la sienne propre ni celle des autres.

Comme nous ne sommes pas uniquement de purs esprits, nous devons entretenir notre machine. Je suis persuadée qu'une alimentation accompagnée du plaisir émotionnel de la nourriture est déterminante. Non seulement vous pensez à mettre du carburant dans votre voiture, mais je suis persuadée que vous choisissez avec soin le plus adéquat.

On peut ne pas regarder ce qui nous agresse, ne pas entendre ce qui nous dérange. On peut vivre aveugle, sourd et sans odorat, mais on meurt de ne pas se nourrir. C'est la base de l'édifice, la nécessité première de la vie, le plaisir premier, et il nous accompagne jusqu'à la fin de nos jours.

Les êtres humains me font aussi penser à des instruments de musique. Tous sont différents, bien qu'ils aient les mêmes notes à leur disposition. Nous devons éviter les « couacs » si nous voulons avoir le bonheur de jouer dans un orchestre, de nous joindre sans fausses notes aux autres, de participer à la grande musique de la vie.

J'ai eu la chance de beaucoup voyager dans des contrées lointaines et variées, en Amérique du Sud, en Afrique, en Asie et au Moyen-Orient. Bien souvent, regarder manger les habitants et partager leur nourriture m'ont davantage appris sur leur manière de vivre que parler avec eux.

Je garde un souvenir extraordinaire d'un voyage dans le désert du Néguev. Il neigeait et je m'étais abritée sous la tente d'un Bédouin. Un homme très âgé et tout sec. Nous étions tous deux étonnés. J'ignorais qu'il pouvait neiger – rarement – dans le désert. Lui n'avait jamais vu de neige de sa vie. Nous ne pouvions discuter, n'ayant pas de langue commune. Il m'a servi une tasse de thé, me l'a tendue en me regardant. Et dans ses yeux j'ai lu que cette tasse de thé était un don. J'ai lu aussi son bonheur du partage. Notre étonnement commun face à ce phénomène météorologique unique, ajouté à son plaisir de m'offrir ce thé… cela a provoqué quelque chose d'inexprimable mais d'intense. J'ai brusquement eu l'impression de tout comprendre de ce vieil homme, de sa présence dans le désert, de sa solitude. J'ai eu l'impression de savoir qui il était. Des choses essentielles passent dans la manière d'offrir.

Lors de mes voyages, j'ai constaté aussi combien le hasard fait bien les choses : l'environnement offre de quoi satisfaire les besoins essentiels des hommes. Excepté dans des régions exceptionnellement désertiques comme le Sahel, la terre produit ce qui leur est nécessaire, et en quantité suffisante. Même isolés, sans possibilités d'échanges, les êtres humains peuvent se nourrir sainement. En tout cas, c'était ainsi autrefois : certaines régions ne le peuvent plus, on les a pillées ou on a incité les autochtones à remplacer les cultures vivrières par d'autres, commercialisables. L'homme, en dénaturant la nature, est son propre ennemi, son propre prédateur.

J'ai noté aussi, dans les pays les plus démunis, une ingéniosité instinctive dans l'alimentation des habitants les plus modestes. Ils composent des mets savoureux et sains, en dépit de la faible palette d'aliments dont ils disposent. Ils opèrent naturellement des associations quasi scientifiques pour rester énergiques, efficaces, éviter la maladie, vivre le plus longtemps possible.

Ces associations d'aliments ont toujours existé. Au Brésil, par exemple, au temps où les esclaves composaient la majorité de la population, ceux-ci préparaient la *fejoada*, un plat composé des morceaux de viande les plus méprisés rejetés par les gens aisés, mais pourtant nourrissants : les abats. Avec, ils « tenaient le coup ». Ils les accommodaient avec ce qu'ils avaient sous la main pour leur donner de la saveur : des herbes, des haricots et des oranges.

Quant au couscous… Ce plat populaire, tel qu'il est mangé dans sa terre d'origine, est parfaitement sain et mériterait l'oscar de la diététique. L'équilibre est absolu entre la semoule, les légumes et la petite quantité de viande qu'il contient. Semoule et pois chiches mangés séparément sont indigestes. Ensemble, grâce à la lysine, un acide aminé dont les pois chiches sont riches, la semoule devient facile à digérer. Envers et contre tout, partout et chez tout le monde, survit un instinct de vie et de plaisir. Mais notre éducation, les exigences économiques et la société de consommation l'ont déformé. Nous nous nourrissons beaucoup plus mal que ceux qui ont su le préserver. Nous accumulons les erreurs. Ainsi, nous brisons l'équilibre initial du couscous en mangeant une trop grande proportion de viande.

Pour moi, la diététique est l'art des associations alimentaires et du plaisir de manger. C'est l'alliance de l'agréable et de l'utile. J'insiste pour faire passer l'agréable en premier. J'entends trop souvent que manger est « utile », qu'il « faut » se nourrir. Ajouter l'agréable me semble un bon programme. Manger seulement utile résonne comme une corvée.

Ce livre est destiné à ceux qui ont perdu le sens et l'instinct de la nourriture, qui se sont égarés. J'aimerais qu'il leur serve à se retrouver, à retrouver leur espace de vie, à se remettre dans leur chemin. Non pas dans mon chemin, mais dans le leur.

CHAPITRE

1

LES DÉGÂTS DE LA «MAL-BOUFFE»

Cela peut sembler cynique à dire, mais les maladies dues à la suralimentation ou à la « mal-bouffe » n'existaient pas pendant la dernière guerre. La plupart des maladies de notre époque sont largement dues à une alimentation déséquilibrée, à des abus d'alcool, de sucre, de tabac, au manque d'eau et à l'ingestion rapide des repas. Certaines, aussi graves que le cancer ou les maladies cardiaques, pourraient être prévenues, sinon guéries, par une alimentation saine et adaptée aux besoins. Nos fonctions ralentissent, vieillissent, s'usent si, par erreur, ignorance ou négligence, nous ne satisfaisons pas leurs besoins. Une nourriture équilibrée prévient les maladies, elle est essentielle au fonctionnement du corps humain.

De par le monde, il y a autant de gens qui meurent de trop manger que de ne pas manger. Comment imaginer qu'on ne puisse trouver un équilibre ?

En France, chaque année, plus de 500 000 personnes meurent directement ou indirectement de mal manger ou de trop manger. Nous sommes en pleine escalade noire d'un excès de consommation. Il y a tant d'abondance, tant de sollicitations. Nous mourons du plaisir de manger alors que nous pourrions en vivre. Nous « creusons notre tombe avec nos dents », affirme, à juste titre, un dicton populaire.

Le cercle infernal

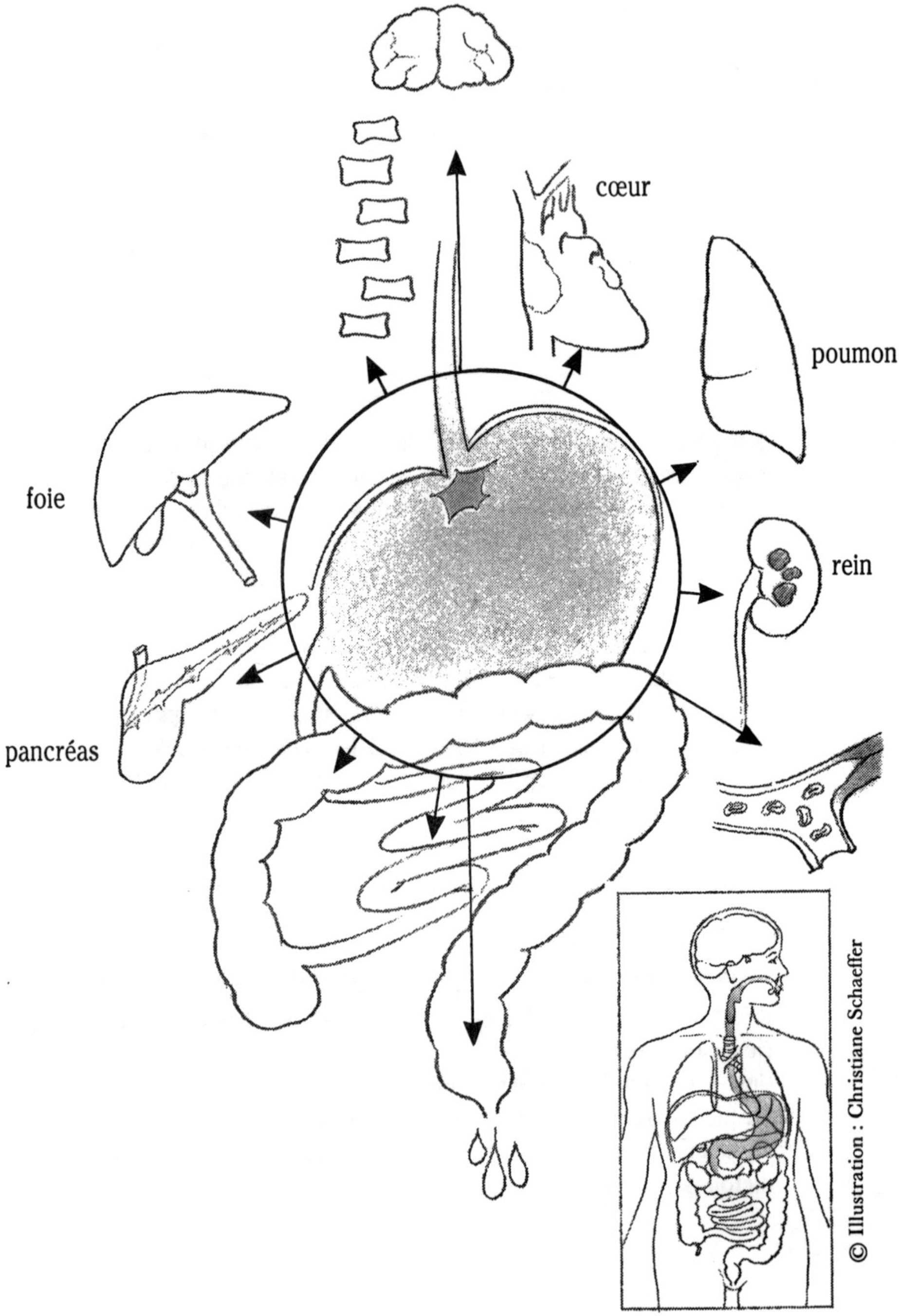

UN CERCLE INFERNAL

Je commencerai par parler de l'estomac, parce que l'estomac... Ah, l'estomac !

Pauvre victime de notre précipitation ! **Nous mangeons généralement trop et trop vite**. Un aliment non mastiqué brûle les étapes de la ronde du transit. La digestion commence dans la bouche. Ne pas mâcher provoque une série de catastrophes. Si les aliments ne sont pas « traités » en amont, s'ils ne sont pas imbibés par la salive et par toutes les diastases de la bouche, s'ils ne sont pas réduits en bouillie avant de passer dans l'œsophage, le tube digestif entier souffre : l'œsophage, l'estomac, l'intestin. Le pancréas et le foie sont là pour suppléer aux excès de sucre et de graisse, mais, si les aliments arrivent dans l'estomac sans être imprégnés de sucs digestifs, surviennent fermentations et ballonnements. La vitesse de l'ingestion traumatise l'organisme. Ne pas mâcher, manger à toute vitesse, ce que font la plupart des gens, entraîne donc un inconfort, mais aussi des maladies digestives. On a ce que j'appelle une digestion de « boa ». Ce serpent digère pendant de longues heures et, durant ce laps de temps, ne peut rien faire d'autre.

En outre, manger vite prive le corps de la participation du cerveau. La gustation est assurée par nos 9 000 papilles gustatives qui transmettent, déjà par le palais, l'information cérébrale du plaisir. Si on garde suffisamment longtemps la nourriture dans la bouche, le cerveau a le temps d'informer les organes concernés par la digestion et de préparer l'organisme à une distribution harmonieuse de la nourriture.

Sinon, l'estomac doit fournir un effort considérable pour assimiler les aliments, accomplir une corvée pour laquelle il n'est pas programmé. Sa muqueuse est irritée. Les aliments fermentent, déclenchent une acidité. L'estomac se dilate, comprime les organes voisins, en particulier les canaux pancréatiques et biliaires, ce qui compromet leur participation programmée. Il appuie sur le diaphragme et l'expiration se fait alors difficilement.

Il appuie sur le plexus (le centre de l'angoisse), et celle-ci s'amplifie, s'exacerbe. Les boxeurs y pensent constamment quand ils combattent. Regardez-les : ils font de leur avant-bras un bouclier. Un coup de poing sur le plexus provoque une telle décharge d'adrénaline qu'ils perdent conscience : c'est le K-O. Dilaté, l'estomac appuie aussi sur le cœur. L'air pénètre dans l'œsophage et l'estomac. C'est l'aérophagie. Elle engendre parfois les même symptômes qu'un infarctus : une terrible pointe au cœur avec une douleur intense dans le bras gauche. Un estomac dilaté déséquilibre également l'architecture du dos. Il tire sur la colonne vertébrale, la désoriente. Des vertèbres « jouent ». Le mal de dos peut, bien sûr, avoir d'autres causes, mais il suffit souvent que l'estomac retrouve son volume initial, que l'architecture du corps se remette en place, pour que la douleur s'atténue, voire disparaisse.

■ *Les souffrances de l'intestin*

L'intestin héritera de ce désordre. Cet organe est très fragile. Il s'abîme vite. Il fermentera, ballonnera, s'irritera. C'est l'aérocolie, qui est à l'origine d'inconforts ou de maladies digestives durables, colites souvent fort douloureuses, gastrites et ulcères. Fatigué, l'intestin se défend de moins en moins. Le risque est grand alors d'un cancer du côlon ou d'une recto-colite hémorragique, inflammation simultanée du rectum et du côlon.

Tout cela parce que l'on s'est privé de déguster. Cela donne à réfléchir et incite à changer d'habitude.

■ *Le pouvoir de l'estomac*

L'estomac est un réservoir. Il a une position initiale tout à fait raisonnable et discrète. À vide, il ne contient que 50 ml. Il peut se distendre jusqu'à contenir 3 ou 4 l. De préférence, il laisse passer les liquides mais permet aux solides de s'amollir. Pour se représenter la ration nécessaire, je ne demande pas de peser, c'est fastidieux et on se lasse bien vite, mais de prendre visuellement conscience des proportions. **Pour un adulte, le volume correct de**

nourriture à chaque repas est de 500 g environ, soit l'équivalent de deux bols chinois bien pleins. Se resservir conduit à se suralimenter. Le pauvre estomac se distend, et les problèmes ne tardent pas.

Une fois dilaté, l'estomac prend le pouvoir. Les demandes du corps seront supplantées par ses exigences propres. Il demande de l'amidon pour calmer son acidité exacerbée. Il a besoin d'un buvard : pain, riz, pâtes, pommes de terre. L'acidité crée un sentiment de faim irrépressible. L'estomac devient de plus en plus insatiable. Certains tentent de le calmer en ingurgitant force salade ou crudités, qui, en gonflant, vont remplir son volume anormal. Ni l'amidon ni la cellulose ne nourrissent l'organisme. Aussi, quelques instants après, la faim revient-elle. Nous voilà esclaves de notre estomac. Ce n'est plus notre organisme qui demande à la tête ce dont il a besoin, c'est l'estomac, victime de sa propre acidité, qui ordonne, commande, exige. Les digestions sont compromises. Chaque repas est suivi de malaise ou d'inconfort et non de bien-être et d'apaisement, comme cela devrait être. Les nuits sont mauvaises, le sommeil moins réparateur. Le subconscient est perturbé et fait surgir des « messages » personnels avec violence. Ceux-ci sont parfois si insupportables qu'ils deviennent cauchemars.

À ceux à qui on a enlevé l'estomac, et que je rééduque, je conseille de manger tout doucement, de bien mâcher et de multiplier les repas légers. Autant prendre tôt de bonnes habitudes pour éviter cette ablation.

■ *L'accumulation des déchets*

Le *sang* vient chercher dans l'intestin ce qu'il doit distribuer dans l'organisme. Si les éléments ingérés n'ont pas été triés, transformés, le sang emportera avec lui ces déchets qui perturberont le fonctionnement de l'organisme, handicaperont la circulation, traverseront les parois des vaisseaux sanguins, s'installeront en plaques de cellulite chez les femmes, encombreront les artères des hommes, ce qui provoque des maladies cardio-vasculaires.

Le *cœur*, aussi, souffre d'une nourriture trop abondante, trop riche en graisses et en sucre, mal assimilée et distribuée. Les artères s'encombrent. Le cœur a besoin de sang fluide. Plus le sang est encrassé, plus le cœur doit travailler, plus il s'épuise et s'use. Certains, pour « tenir le coup », se rabattent sur des excitants comme le café, le tabac. Ils fouettent ainsi ce pauvre cheval déjà épuisé et le harcèlent jusqu'à l'écroulement.

Les *reins* font un travail prodigieux. Ils filtrent tout, à condition de recevoir du liquide. Boire – de l'eau, s'entend – est la base de l'hygiène alimentaire. On peut rester un mois sans manger à condition de boire, mais on meurt si on ne boit pas pendant quatre à cinq jours. Le corps contient trois cinquièmes d'eau, exactement la proportion des océans et des mers sur notre planète. Imaginez, d'une part, les conséquences de l'assèchement des océans et des mers et, de l'autre, les bienfaits, les équilibres et les ressources de cet élément liquide. Si vous ne buvez pas assez, si vous n'entretenez pas le filtre, au bout d'un moment vos reins ne filtreront plus rien. Vous risquez alors des calculs rénaux spectaculaires et douloureux. Ou le passage dans le sang de dangereux déchets, comme l'urée. Celle-ci s'attaque aux articulations, les malmène, d'où de terribles douleurs articulaires. Seul un bilan sanguin permet de la traquer. L'urée est un tueur silencieux. Généralement, aucun symptôme ne la dénonce à l'avance. Apparaissent parfois de petits signes, comme les yeux gonflés le matin. Les douleurs articulaires ne sont pas inéluctables. Bien souvent, il suffirait tout simplement de boire de l'eau pour les prévenir. On éviterait ainsi une lourde médication.

Quant au *pancréas*, il risque d'être fragilisé quand il y a, ou il y a eu, des diabétiques dans la famille. Mais on peut remédier à une prédisposition héréditaire en le ménageant et en le rééduquant. Cela, en lui fournissant de petites quantités de sucre réparties dans la journée. Il sera ainsi stimulé sans être accablé, brutalisé.

Se nourrir mal, c'est comme transgresser le Code de la route. Vous accumulez les erreurs, vous ne vous arrêtez plus aux feux rouges, vous roulez trop vite. Vous mettez votre vie en danger. Réapprenez à conduire pour mieux vous conduire.

CHAPITRE

2

LA RÈGLE D'OR DES «421» ET QUELQUES AUTRES BESOINS ENCORE...

Une alimentation équilibrée assure le bien-être à long terme. Elle est la condition pour reculer l'usure du temps. La science constate que l'organisme commence à vieillir à vingt-cinq ans, mais la connaissance de plus en plus pointue de la physiologie humaine et une bonne gestion de ce trésor qu'est notre corps devraient nous permettre de nous maintenir longtemps à ce zénith.

Au « Il faut manger pour vivre et non vivre pour manger » j'ajouterai : il faut manger juste, tout en se faisant plaisir.

La nourriture est facteur d'équilibre. « Dis-moi ce que tu manges, je te dirai qui tu es. » « Nous sommes ce que nous mangeons. » Bon nombre de philosophes et de dictons populaires ont inspiré les slogans qui fleurissent dans le domaine alimentaire.

TROIS VRAIS REPAS PAR JOUR

La première règle est de faire trois vrais repas par jour, sans jamais en sauter un. Ainsi, 2 000 calories absorbées en une fois risquent de faire grossir si vous y êtes prédisposé, alors que, si vous les répartissez en trois fois, votre poids ne variera pas pour la bonne raison qu'à chaque repas vous faites fonctionner tout votre mécanisme digestif – ce qui consomme de l'énergie – donc, vous brûlez davantage de calories.

Pour que les cellules gardent leur entité et fonctionnent correctement, l'organisme a besoin d'un certain nombre de nutriments. Ce sont les éléments « épurés », utilisables tels quels dans l'alimentation, des cellules vivantes (carbone, azote, sels minéraux, etc.), ou assimilables sans digestion préalable (glucose, acides aminés, etc.). Aucun aliment à lui seul ne fournissant tous les nutriments nécessaires à un bon équilibre, ***un peu de tout*** doit rester le maître mot.

LA RÈGLE DES « 421 »

La base des besoins quotidiens pour tout organisme humain est **4 glucides, 2 protides et 1 lipide**. C'est le B.A. BA de l'art de se nourrir, confirmé par la science.

LA RÈGLE DES « 421 »

- 4 glucides
- 2 protides
- 1 lipide

■ *Les glucides*

Ce sont tous les aliments qui apportent des sucres :

– *des sucres rapides*, comme ceux que vous mettez dans votre café, comme celui des pâtisseries, des bonbons mais aussi des fruits et du lait (le lactose étant un sucre), et du vin ;

– *des sucres lents :* ils se trouvent essentiellement dans le pain, les pommes de terre, les pâtes et les farineux.

EXEMPLES D'ASSOCIATIONS RESPECTANT LA RÈGLE DES « 421 »

Des plats populaires traditionnels

– couscous : semoule et légumes (glucides) + viande (protides et lipides) ;
– paella : riz et poivron (glucides) + poulet, lapin, poisson (protides et lipides) ;
– pot-au-feu : pommes de terre, carottes et autres légumes (glucides) + viande (protides et lipides).

Des repas simples

– 1 assiette de moitié pâtes (glucides), moitié légumes + fromage (protides et lipides) + 1 compote ou 1 yaourt au miel (glucides) ;
– 1 assiette de carottes râpées ou une tranche de melon ou une tranche d'ananas (glucides) + un poisson ou poulet, ou veau, ou steak (protides et lipides) accompagné de moitié riz ou pommes de terre (glucides), moitié ratatouille ou tout autre légume cuit ;
– 1 plateau de fruits de mer (protides) avec pain noir beurré (glucides et lipides) et 1 tarte Tatin (glucides et lipides).

Des repas simples quand on travaille

– salade niçoise : tomates, haricots verts et poivrons (glucides) + œufs, anchois, olives et thon (protides et lipides) ;
– chèvre chaud (protides et lipides) sur lit de salade et pain complet grillé (glucides) ;
– 1 salade assaisonnée (lipides) bien mâchée + une omelette (protides) + un morceau de pain (glucides) ;
– 1 sandwich (fromage ou poulet = protides et lipides + pain = glucides) et un fruit pour commencer.

■ *Les protides*

Ce sont tous les produits de boucherie, de charcuterie, de triperie, de la pêche, les céréales complètes (c'est-à-dire non raffinées), les œufs, le lait et les laitages.

■ *Les lipides*

Ils sont fournis par toutes les graisses d'origine animale (comme le beurre, le saindoux) ou végétale, c'est-à-dire les huiles et les oléagineux : avocats, amandes, noix, noisettes, etc.

LES AUTRES BESOINS QUOTIDIENS

■ *Les fibres*

Contenues dans les légumes crus ou cuits, dans les céréales complètes et les fruits (crus, cuits ou secs), elles sont bienvenues pour leur merveilleux apport en minéraux mais aussi parce qu'elles favorisent le transit digestif.

■ *L'eau*

L'adulte élimine 2,5 l d'eau chaque jour sous forme d'urine, de sueur ou de vapeur d'eau pulmonaire. Il peut même éliminer davantage sous certains climats ou en cas d'infection, d'hémorragie, de fracture, de brûlure. L'eau joue un rôle complètement différent de tous les autres liquides. Elle est irremplaçable. C'est la seule boisson physiologiquement indispensable. Elle est essentielle au bon fonctionnement de la machine humaine, au bon état de marche des fonctions et des organes, en particulier le rein. Elle réveille, active, sollicite toutes nos cellules – chacune a besoin d'eau, y compris celles du cerveau – et chasse les toxines. Elle permet tout simplement d'être en forme.

Les aliments fournissent de l'eau mais pas suffisamment : 40 % des besoins en eau sont fournis par l'alimentation, les 60 % restants doivent être fournis par la boisson, soit un minimum de 1,5 l par jour.

Boire par petites quantités

Pour la majorité des personnes qui ont pris du poids ou qui souffrent de troubles digestifs, la dilatation de l'estomac est en tête de liste des responsables. Dilatation due à une trop grande rapidité d'absorption des aliments. Il faut rééduquer ce pauvre organe distendu en lui proposant des petites quantités renouvelées souvent. Donc, au début de cette rééducation, il vaut mieux se contenter de la valeur de 1/4 l d'eau. Puis, très vite, l'eau, qui ne demande pas de travail à l'estomac mais qu'il faut toutefois déguster dans la bouche (boire par petites gorgées), peut être absorbée par 1/2 l, mais pas plus. Les autres liquides (lait, bouillon, jus de fruits), eux, séjournent plus longtemps dans l'estomac : il ne faudra donc pas dépasser 1/4 l à la fois.

Boire si possible avant midi

L'idéal est de boire ***un grand verre d'eau avant de se lever***. Ainsi, la première information donnée à l'organisme est la purification des cellules. Dès lors, on digérera et on assimilera mieux.

C'est dans la matinée que le corps tire le meilleur profit de tout ce qu'il absorbe parce qu'il est reposé, détendu. Les échanges se font mieux, l'assimilation est meilleure. L'eau circule et s'élimine plus facilement. Quand le corps est fatigué, toutes les fonctions ralentissent.

Il faut **répartir le 1,5 l d'eau, par petites quantités, 1/4 l chaque demi-heure (ne pas dépasser 1/2 l à chaque fois) et, si possible, le boire entièrement avant midi.**

Boire juste avant le repas

C'est souhaitable. L'eau traverse aisément l'estomac sans provoquer la fermeture du petit « clapet » de sûreté entre la porte de sortie de l'estomac et l'entrée dans l'intestin. Dès que les aliments solides ou semi-solides pénètrent dans l'estomac, ce petit clapet va se fermer jusqu'à ce que les aliments, après avoir été bien mâchés dans la bouche, viennent se faire reconnaître et traiter, et reçoivent leur « visa » pour continuer leur route vers l'intestin. C'est là que le sang viendra se ravitailler afin de transporter au cœur des cellules les bienfaits (ou les méfaits) des aliments ingérés.

Ne pas boire pendant les repas

Il vaut donc mieux ne pas boire pendant les repas, puisque les liquides viendront augmenter le volume des aliments absorbés. De plus, toutes les sécrétions digestives sont prévues pour humecter suffisamment le transit digestif.

On peut boire à nouveau une heure environ après le repas

Je ferai une exception pour le *vin*, qui n'est pas une obligation et que je ne considère pas comme une boisson, mais comme un accompagnement délicat qui devrait être seulement l'hôte du palais. On peut boire une *petite tasse d'infusion* après le dîner, ou un petit verre de thé pendant ou après un couscous ou un repas chinois.

Ne pas se forcer à boire

L'eau est une nécessité mais cela ne sert à rien de faire du zèle. Trop boire élimine les minéraux. Il n'y a que si l'on a soif, pour des raisons climatiques ou autres, qu'on peut dépasser la dose adéquate. *Se forcer à boire pour obtenir un résultat plus rapide est une erreur.*

A contrario, certaines femmes ne boivent pas, étant persuadées de retenir l'eau. Or elles retiennent l'eau justement parce qu'elles ne boivent pas. Si le corps n'en reçoit pas assez, il garde jalousement celle qu'on lui donne si chichement ou que la nourriture lui procure. Les endroits encombrés jouent le rôle d'une éponge puisque la circulation se fait mal. Conséquences : les organes, qui ont tous besoin d'eau pour fonctionner, sont mal entretenus, mal nettoyés, donc moins efficaces, et les dégâts progressent.

Quelle eau boire ?

Toutes les eaux minérales sont consommables. Quelques-unes sont plus curatives (elles contiennent des éléments médicamenteux), comme l'Hépar et la Contrexéville. Il est donc préférable de *varier* en sachant lire les étiquettes. L'eau du robinet est saine mais pas toujours agréable au goût. Bannissez, bien sûr, les boissons sucrées comme les sodas. Elles contiennent la ration de sucre équivalant à celle qu'on doit ingérer en plusieurs jours.

L'eau gazeuse est agréable, parce que pétillante, mais elle doit être consommée modérément. Des gens dont l'estomac est très dilaté la préfèrent. C'est, là encore, un moyen inconscient de remplir davantage son estomac, car l'eau gazeuse occupe plus de volume que l'eau plate. En outre, l'estomac est rempli très rapidement, grâce aux gaz. Cela peut être très agréable d'en boire un peu – les bulles sont joyeuses – mais **il ne faut pas dépasser 1/2 l par jour d'eau gazeuse**.

Les autres liquides

On peut ajouter, dans l'eau, des tisanes. Leurs vertus sont discrètes, soit calmantes (fleur d'oranger, tilleul), soit digestives (verveine, menthe). Le thé et les tisanes sont acceptables, mais ils n'ont pas le même rôle que l'eau. D'une part ils traversent le corps trop vite (voir p. 92), d'autre part leur abus peut avoir des effets perturbants.

LES RÈGLES POUR BIEN BOIRE

- Boire 1,5 l d'eau par jour.
- Boire par petites quantités, si possible avant midi.
- Ne pas boire moins de dix minutes avant le repas.
- Attendre une heure au moins après le repas pour boire à nouveau.
- Ne pas dépasser 1/2 litre d'eau gazeuse par jour.

■ *Le sucre*

À force d'entendre parler de ses méfaits, nous oublions ses bienfaits. Nous n'en mangeons plus assez et le corps se venge en stockant mal les sucres raffinés, comme celui des pâtisseries, qu'il transforme en graisse. Or le sucre, c'est aussi l'énergie, la nourriture des muscles. Il est ***indispensable à l'organisme***, ne serait-ce que parce que le cerveau consomme 80 % du sucre ingéré. Simplement, n'en n'abusez pas et *privilégiez les sucres lents ou non raffinés*, qui sont directement assimilés par l'organisme.

Le miel

Deux cuillerées à café de miel par jour, c'est bien. Le miel se consume comme un diamant. Le diamant est le combustible le plus pur qui soit. Quand on le fait brûler, il donne une flamme merveilleuse, mais ne laisse aucun déchet. Cadeau de l'abeille, qui est un exemple de vitalité, le miel est un énergétique puissant. Il ne contient pas moins de quatorze excellents éléments, dont du magnésium, du potassium, du sélénium et toute la série des vitamines B, bénéfiques pour la peau et les cheveux.

J'entends souvent « Je n'aime pas le goût du miel », ou « J'en prends quand je suis malade », ou encore « C'est trop sucré. » Mais il existe des miels au goût très neutre. De plus, je le prescris toujours mélangé à du citron ou à un laitage. Ainsi, il « passe » mieux. Forcez-vous un peu, en pensant à ses richesses et à ses éléments merveilleux. Vous verrez : une fois que vous en aurez pris l'habitude, vous pourrez difficilement vous en passer. Si vous avez un *a priori*, mangez votre miel comme un médicament magique.

Certains se prétendent allergiques au miel. Cela m'étonne parce qu'il contient des éléments antiallergiques ! Personnellement, je n'ai connu qu'une seule personne qui m'affirmait être allergique, tout comme l'était son grand-père. Une femme d'une soixantaine d'années m'assurait avoir fait un œdème de Quincke, à cinq ans, après en avoir mangé. Elle a, malgré tout, voulu essayer. Elle l'a fait devant moi. Elle a pris une cuillerée de miel, l'a gardée un temps dans la bouche. Réaction psychique ou pas, cela a provoqué, non pas un œdème de Quincke, mais des démangeaisons sur les oreilles, le cou et la tête. J'ai dû me rendre à l'évidence. J'ai donc remplacé le miel par un autre sucre naturel, un fruit sec, pruneau ou abricot. Il existe toujours des solutions de rechange.

LES MICRONUTRIMENTS

Les protéines, les glucides et les lipides seraient les murs et le toit d'une maison. Les sels minéraux et les vitamines constituent le mobilier de cette maison. Ils la rendent agréable, confortable, aérée. Ils sont indispensables au bon fonctionnement des cellules, favorisent la digestion et la distribution correcte des aliments dans l'organisme. Chaque vitamine, chaque sel minéral a sa vertu. Pour être assuré de profiter de toutes leurs propriétés, variez les aliments le plus possible. Des affections souvent graves sont liées à un manque de sels minéraux et de vitamines[1].

■ *Les sels minéraux*

Le calcium

C'est le *constituant essentiel des os*. Le capital calcique chez l'homme est de 1 200 g, dont 99 % dans les os. Sans calcium, ceux-ci se fragilisent, d'où des risques de fractures. Chaque année, en France, on recense ainsi 50 000 fractures du col du fémur.

Le calcium est un élément dynamique. Il intervient dans l'équilibre de la glande thyroïde. Si l'activité de cette glande est ralentie, l'organisme ne brûle plus correctement les aliments et le corps s'encrasse. Le calcium régule aussi l'excitabilité neuromusculaire. C'est un « gilet pare-balles » contre les décharges d'adrénaline. Celles-ci, véritable automédication, soutiennent le cœur contre toute agression : travail, soucis, événement inattendu, difficulté, choc, émotion, bruit, mais pompent du calcium. Plus la vie vous

---

1. Je n'aime pas donner des mesures précises des besoins quotidiens. En effet, comme le disait le Pr Trémolières (dans *Le Grand Livre de la nutrition*, Robert Laffont, 1973) : « L'homme et ses nutriments constituent une unité, un univers où l'ensemble des "instruments" ne vaut que relativement à cet autre ensemble qu'est l'homme. Les taux et proportions des nutriments entre eux ont un pouvoir et des effets variables suivant le type d'homme auquel ils s'appliquent. La science de la nutrition n'est donc valable que si l'on fixe un des ensembles en présence : un type d'homme ou un type nutritionnel. » Ou, plus simplement : « À l'échelon individuel, les standards sont sans intérêt puisque un obèse peut avoir un besoin d'énergie deux fois plus bas que les standards, et un maigre un besoin supérieur. »

agresse, plus ce « gilet pare-balles » est indispensable pour résister, se défendre, s'apaiser, remettre les choses à leur juste place. Le calcium est également *indispensable pour la coagulation du sang.* Il prévient aussi les caries, l'ostéoporose (fragilité osseuse qui survient à un certain âge chez l'être humain) et les dépressions. Un manque de calcium provoque fatigue, nervosité, irritabilité, insomnie ainsi que des crises de spasmophilie qui se traduisent par des spasmes musculaires et viscéraux, dus à une excitabilité neuromusculaire anormalement élevée.

Les besoins quotidiens en calcium sont de 12 à 14 mg chez l'adulte par kilo de poids. Ils augmentent pendant la croissance, la grossesse et l'allaitement. Alors que faire ? Courir à la pharmacie pour acheter gélules, cachets ou pilules ? Cela ne sert à rien. Un jour, mon fils s'est cassé la jambe. Je voulais qu'il bénéficie de tout le calcium possible et imaginable. En plus d'une alimentation très riche en lait et dérivés, j'ai ajouté quelques injections intraveineuses de calcium. Peu de temps après, analyses à l'appui, le calcium se retrouvait dans l'urine. L'organisme fixe mal le calcium donné sous forme médicamenteuse.

Il faut faire un effort pour assurer la gestion la plus harmonieuse possible de son patrimoine organique. Personnellement, je ne crois qu'au calcium alimentaire, je n'ai cessé de le vérifier.

Je conseille le calcium en trois prises, matin, midi et soir.

On en trouve dans les pruneaux, les amandes et les figues sèches, les lentilles, les betteraves, les endives, les huîtres, les coquillages, les crustacés, le chocolat, les choux, mais surtout dans le lait et les laitages. 1/4 l de lait écrémé ou 250 g de fromage blanc ou encore 2 yaourts entiers, et vous aurez la dose quotidienne nécessaire (voir le tableau p. 39).

Dans notre pays, et c'est dramatique, les gens perdent très jeunes l'habitude de boire du *lait.* Ils finissent par détruire les moyens enzymatiques indispensables à sa digestion. Quand ils s'aperçoivent qu'il est important d'en consommer à nouveau, ils ont des problèmes d'assimilation. Une étude a démontré que si les

58 millions de Français consommaient 0,4 l de lait par jour, sous n'importe quelle forme, notre pays manquerait de producteurs. Or, aujourd'hui, nous ne savons pas quoi faire de nos excédents et notre organisme manque de calcium.

Une personne sur deux a un haut-le-cœur dès que je lui propose du lait. On pense que je propose du lait entier. Surtout pas ! Le lait entier est un aliment inadapté à l'homme : il est constitué de molécules graisseuses très indigestes, en suspension dans des molécules aqueuses. Ni le foie ni l'intestin ne parviennent à les séparer, donc à les digérer correctement. Le lait entier est conçu pour le veau, dont l'estomac, contrairement à celui de l'homme, sécrète de la présure, cette substance qui fait digérer le lait.

Écrémé, le lait n'a pas de goût et ne ressemble en rien au lait gras de notre enfance. J'explique toujours cela et je demande d'essayer au moins une fois, car je considère le lait comme essentiel, irremplaçable même. Cependant, je n'insiste pas. Ceux qui sont vraiment soucieux de modifier leur comportement alimentaire tentent le coup. Jusqu'à présent, l'essai a toujours été concluant, à quelques très rares exceptions près. Le lait écrémé est un liquide blanc sans goût. Il est débarrassé de cette graisse indigeste en suspension, mais conserve ses protéines et son calcium. Le manque de lait, pendant la dernière guerre, a été responsable du « rachitisme ». Ce fut là une des rares carences observées pendant cette période.

J'ajoute qu'un dégoût peut toujours passer. Héritiers de quelques mystérieux phénomènes de rejet, nous contribuons aussi à modifier notre capital-départ. Nous intervenons dans la connaissance de nos aberrations personnelles. Nous pouvons les comprendre et modifier leurs causes. En outre, le métabolisme se transforme progressivement : il subit un bouleversement complet tous les sept ans. Toutes les cellules sont alors renouvelées. Elles ont d'autres exigences. Il est donc essentiel de maintenir nos cellules en bon état. D'où la nécessité d'une hygiène alimentaire correcte pour que ce renouvellement s'effectue dans de bonnes conditions. Car forcément, avec les années, elles ne se renouvellent pas avec la même fougue, la même santé.

On se donne bien cinq ans à sept ans de délai après un cancer. On sait alors s'il y a récidive ou non, si les bonnes cellules ont fait leur travail, si elles ont « noyauté » les méchantes. Ces sept ans se retrouvent dans la vie psychique. On constate l'immense différence entre un enfant de un an et un de sept ans, entre un enfant de sept ans – l'« âge de raison », affirme-t-on – et un adolescent de quatorze ans. Le bouleversement physique et psychologique est complet. Ne dit-on pas aussi que la période critique pour un mariage est de sept ans ? Chacun conjoint a évolué différemment, a transformé, à sa manière, sa façon de vivre et de voir, sa matière cellulaire, c'est-à-dire tout son contexte.

Je pense, là, à notre merveilleuse Juliette Binoche – que je peux citer puisqu'elle l'a dit lors d'une interview à *Première*. Elle détestait le lait. Au début, pour se forcer, elle s'imaginait que ce n'était pas elle qui le buvait, mais le personnage qu'elle incarnait. Cela a marché. Ceci pour dire à quel point le rejet du lait peut être psychique.

L'intolérance vraie au lait est très rare. Il s'agit plutôt de troubles dus à sa teneur en lactose ou à sa richesse en graisse. Si, vraiment, le dégoût du lait persiste, on peut négocier avec un autre laitage moins visible, ne serait-ce que quelques repas de fromage. Le calcium est alors entraîné avec la caséine grâce à la coagulation de la présure. Il serait tout de même incroyable qu'aucun substitut ne vous convienne !

Si malgré tout, après essai, quelqu'un refuse tout laitage, je reste un peu inquiète.

Le calcium est très instable : l'organisme ne le fixe que pendant vingt-quatre heures. Veillez donc à en *renouveler chaque jour la ration*. Vous aurez beau boire 6 l de lait dans une journée, il n'en restera plus trace le lendemain. La fixation du calcium est favorisée par l'ensoleillement et la lumière du jour ainsi que par la vitamine D (voir p. 46), qui, elle, est plus constante et n'est pas nécessaire quotidiennement.

OÙ TROUVER DU CALCIUM	
Aliments (pour 100 g)	**Quantité de calcium (en mg)**
lait (100 ml)	120
fromages à pâte dure	850
amandes sèches	250
yaourt	140
caviar	140
lentilles	un peu moins de 100
olives	"
chocolat amer	"
huîtres (12)	"
Contrexéville, Vittel, Hépar (100 ml)	"
2 œufs entiers	"
levure de bière	66
choux et légumes (feuilles)	50
légumes (racines)	25
agrumes	25

ÉQUIVALENTS D'UN BOL DE LAIT (250 ml)	
– 10 petits suisses ; – 250 g de fromage blanc ; – 30 g d'emmental ;	– 2 yaourts entiers ; – 850 g de chou ; – 1 kg d'oranges.

Le magnésium

Il intervient, comme le calcium, dans l'excitabilité des nerfs et des muscles. Il intervient aussi dans la régulation thermique et rééquilibre le système nerveux. C'est un antistress, un antiallergique et un anti-inflammatoire. Il favorise la fixation du calcium sur les os, s'oppose à la fuite du potassium, agit bénéfiquement sur les dents, les yeux et les fonctions endocriniennes. Il intervient dans la croissance des dents et des os et dans la prévention de l'ostéoporose. Il favorise le rôle des plaquettes (cellules sanguines qui jouent un rôle dans la coagulation et dans la phagocytose des virus), des leucocytes et des hématies.

Chez l'adulte moyen, les besoins quotidiens en magnésium sont de 5 à 6 mg par kilo de poids. Ils sont difficiles à préciser parce qu'ils sont soumis à des conditions extérieures. Ainsi, la chaleur augmente les pertes et le froid aiguise les besoins.

Tous les aliments contiennent du magnésium, sauf les graisses. Les plus riches sont le cacao (420 mg pour 100 g) – donc le chocolat noir –, les fruits secs, les fruits de mer, les légumes secs et les farineux. 150 g de levure de bière contiennent 100 mg de magnésium.

Le potassium

Il a un rôle considérable dans les échanges hydriques : il maintient l'hydratation cellulaire. Son manque provoque rétention d'eau (problème féminin fréquent) ou déshydratation. Il intervient dans le rythme cardiaque, le fonctionnement du système nerveux, la sécrétion d'adrénaline et d'insuline.

Les besoins en potassium sont de 3 à 4 mg par jour pour un adulte moyen.

Le potassium est très répandu dans l'alimentation habituelle. On en trouve surtout dans les farineux, les haricots, les lentilles, les pois cassés, les légumes verts, les laitages, les fruits, les abricots et les pruneaux secs, la levure de bière.

Le phosphore

Quantitativement, c'est le sel minéral le plus présent dans le capital organique. Il libère les énergies du sucre, équilibre le calcium, joue donc un rôle dans la constitution osseuse, prévient et rétablit les troubles de la croissance et l'altération des dents.

Les besoins quotidiens en phospore sont de 12 à 14 mg par kilo de poids.

Tous les aliments qui contiennent du calcium contiennent aussi du phosphore.

On le trouve plus abondamment dans le lait et ses dérivés, le pain, les légumes (surtout dans les haricots secs), la viande et le poisson, la levure de bière.

Le sodium

Il est nécessaire à l'équilibre de la vie. *Les besoins quotidiens en sodium sont de 3 à 5 g par jour chez l'adulte, mais davantage en cas de grande chaleur.* Notre alimentation actuelle atteint souvent 16 à 18 g. Trop de sel conduit à de la tension, puis à l'hypertension. Le sel est le stimulant majeur de l'appétit. Les carences en sodium ne se voient pratiquement que dans les pays tropicaux, où la sudation est très abondante et où il est nécessaire de se réhydrater par l'eau et le sel.

De nombreux aliments contiennent une grande quantité de chlorure de sodium. Tous les aliments déjà salés, bien sûr, comme la viande, la charcuterie, le poisson fumé, les conserves, les crustacés, le pain, les biscuits, les légumes, la choucroute, le cresson, les poireaux, les épinards, les légumes secs, les fromages et les eaux minérales alcalines. Ce n'est donc vraiment pas la peine d'ajouter du sel, d'autant plus que, du point de vue gastronomique, l'excès de sel cache le goût originel des aliments. Une quantité infime suffit pour leur donner de la personnalité.

Le fer

Il transporte l'oxygène, indispensable aux cellules, et lutte contre l'anémie. *Les besoins en fer sont faibles (environ 10 mg par jour) mais varient beaucoup* en fonction des pertes. Celles-ci sont induites par les hémorragies, les règles et la grossesse.

On trouve du fer dans le cacao, le chocolat amer, les fruits secs, le cresson, les épinards, les huîtres, le foie, l'eau du robinet, les œufs.

LES PRINCIPAUX SELS MINÉRAUX

	Effets	Sources
Calcium	Constituant essentiel des os. Élément dynamique, régulateur de l'excitabilité neuro-musculaire. Prévient les caries, l'ostéoporose les dépressions	- produits laitiers - coquillages, crustacés - fruits secs, pruneaux - figues sèches - amandes - lentilles - betteraves
Magnésium	S'oppose à la fuite de potassium. Anti-stress, antiallergique, anti-inflammatoire. Intervient dans la croissance des dents et des os et dans la prévention de l'ostéoporose. Rééquilibre le système nerveux	tous les aliments, sauf les graisses - cacao - fruits secs - fruits de mer - légumes secs - farineux
Potassium	Maintient l'hydratation cellulaire. Sans lui, rétention ou déshydratation. Intervient dans le rythme cardiaque, le fonctionnement du système nerveux, la sécrétion d'adrénaline et d'insuline	- farineux - légumes verts - fruits (abricots) - fruits secs - laitages - levure de bière
Phosphore	Indispensable, quantativement le plus important de l'organisme. Équilibre le calcium. Prévient et rétablit les troubles de la croissance et l'altération des dents	tous les aliments qui contiennent du calcium et des protéines - lait et ses dérivés - pain - légumes (surtout haricots verts) - viande - poisson
Iode	Équilibre la glande thyroïde, chef d'orchestre de plusieurs organes, régulateur de la température du corps	- sel marin - poissons, fruits de mer, algues - laitages
Sélénium	Bonne association avec la vitamine E, indispensable à un bon état de la peau. Lutte contre le vieillissement prématuré des cellules et la baisse de l'énergie vitale	- levure de bière - céréales complètes - brocoli - huîtres, thon, hareng - laitages
Fer	Transporte l'oxygène indispensable aux cellules, lutte contre l'anémie	- cacao, chocolat amer - fruits secs - légumes secs - cresson, épinards - huîtres - foie - eau du robinet - œufs

L'iode

Il équilibre la glande thyroïde et régule la température du corps. C'est le chef d'orchestre de plusieurs organes.

On en trouve dans le sel marin, le poisson, les fruits de mer, les algues, les laitages.

Le sélénium

Il s'associe bien à la vitamine E. Il est indispensable à un bon état de la peau, lutte contre le vieillissement prématuré des cellules et la baisse de l'énergie vitale.

On en trouve dans la levure de bière, les céréales complètes, les brocolis, les huîtres, le thon, le hareng, les laitages.

■ *Les vitamines*

« Vitamines » : mot magique de notre civilisation moderne. Dans l'Égypte antique, *Ka* signifiait « âme » (au singulier) et « aliments » (au pluriel). L'âme et les aliments : les deux essences de la vie.

Le mot « aliment » s'est banalisé, dévalué. Le mot « vitamine » l'a remplacé. Une alimentation très variée et de qualité donne toutes les garanties pour posséder ou renouveler les réserves quantitatives et qualitatives nécessaires. Le hasard a souvent permis de découvrir que tel aliment permettait de guérir telle ou telle maladie. On a donc distingué et baptisé les vitamines.

Ces découvertes fortuites concernent notamment deux maladies : le scorbut et le béribéri. La première, maladie des marins au long cours, a été endiguée lorsque l'on a constaté que les marins consommant des fruits frais n'en étaient pas victimes. La vitamine qu'il fallait baptiser s'est appelée C. Quant au béribéri, causé par la consommation excessive de riz décortiqué, il a disparu aujourd'hui, parce que l'on a observé que le malade se rétablissait lorsqu'il buvait l'eau de lavage du riz. Et on a appelé B la vitamine en cause.

La vitamine A

Elle joue un rôle capital dans la vue, puisque sa carence provoque une maladie de la cornée pouvant causer la perte de l'œil ou une réduction considérable de la vision crépusculaire. Elle joue aussi un rôle capital dans le maintien de l'intégrité des tissus, de la peau, des ongles, des cheveux et des os. Elle est stockée dans le foie de l'homme et des animaux.

On la trouve en abondance dans le foie des poissons, le beurre, le jaune d'œuf, le céleri, les épinards, la laitue, le cresson, les carottes, l'huile de palme. La cuisson et la stérilisation détruisent cette vitamine.

La vitamine B

Ce groupe de vitamines à vocations diverses contribuent toutes à accroître la résistance de l'organisme aux agressions extérieures : froid, infections, fatigue.

On les trouve toutes dans la levure de bière et dans les céréales, mais aussi dans les abats, la viande, les légumes et les fruits secs, le poisson, les champignons, les cacahuètes, le pain complet, le miel, les œufs, le lait, les crevettes.

La vitamine C

J'insiste sur cette vitamine. Elle est facteur de croissance, aide à assimiler les glucides, favorise le fonctionnement endocrinien (ovaire, hypophyse, thyroïde, surrénales), fixe le fer, qui participe à la constitution des globules rouges. Elle est très dynamisante et renforce les défenses. Elle participe à la constitution des globules rouges.

Nous serions tous des « supermen » ou « superwomen » si nous en prenions la quantité nécessaire. Les besoins varient de façon considérable puisqu'ils sont de 10 mg par kilo de poids, pour un nourrisson, dc 35 mg pour un cnfant dc un an, dc 75 mg pour un adulte, de 100 mg à vingt ans, de 100 à 150 mg durant une grossesse ou un allaitement.

L'organisme ne fixe la vitamine C que vingt-quatre heures. *Il faut donc en renouveler le stock chaque jour.* Encore une fois, adressez-vous, pour la trouver, à votre marché plutôt qu'à une pharmacie.

Les suppléments vitaminiques ou minéraux ne donnent guère de résultats probants. Une enquête récente sur l'influence des vitamines sur le sport de haut niveau, menée par des biologistes américains, conclut que rien ne permet de certifier qu'une prise supplémentaire de vitamines, dès lors qu'on mange équilibré, accroît les performances. Elle précise aussi que personne, jusqu'ici, n'a démontré que les surplus de vitamines, pris hors de l'alimentation courante, soient bénéfiques à l'organisme. Absorber des vitamines sous forme de pilules est une méthode plutôt coûteuse pour augmenter leur teneur dans les urines !
Les vitamines naturelles sont les seules valables car les seules que l'organisme assimile correctement.

Je conseille **deux prises de vitamine C : une le matin, et une en fin d'après-midi.** Le matin, prenez un pamplemousse ou une orange. Ma préférence va au pamplemousse, plus riche en potassium.

La vitamine C, amie de notre énergie et de nos défenses, est très volatile. J'allais dire volage. Elle est facilement infidèle. À peine libérée de sa source, elle a très vite tendance à se disperser. Consommez-la dans sa première splendeur, c'est-à-dire dans la première demi-heure de sa préparation. La cuisson des aliments, même brève, lui laisse très peu de chances. Le stockage des légumes, de même.

On trouve la vitamine C essentiellement dans les *agrumes et dans tous les fruits et légumes récemment cueillis.* Ne mangez les oranges que dans les cinq premières heures de la journée. Un proverbe arabe dit : « L'orange le matin, c'est de l'or. Le soir, c'est du plomb. » Elle risque de provoquer de douloureuses fermentations et une sensation de coup de poignard au niveau du foie lorsqu'elle est consommée après midi.

Le soir, quand vous rentrez fatigué d'avoir accompli votre devoir social, si vous souhaitez profiter encore d'heures de vie intimes et personnelles, je recommande de la vitamine C sous forme de ce que j'appelle **un hydromel** (eau et miel) qui n'est pas celui, alcoolisé, du commerce : **un citron pressé dans un quart de litre d'eau avec une cuillerée à café de miel.** Cette boisson, tant vantée par les Grecs anciens, a de formidables vertus : citron et miel sont deux éléments énergétiques. Elle constitue un remède antifatigue parfait, dynamise sans exciter, donne un confortable soutien pour les trois heures qui suivent et ne compromet pas l'endormissement.

Certains rechignent à boire du citron. Je leur demande de persister un temps, car c'est un élément indispensable. Je leur conseille alors d'en mettre dans leur alimentation, dans une vinaigrette, sur la salade ou du poisson. Ils peuvent aussi moduler la dose : un demi citron pressé dans l'hydromel, et l'autre moitié sur les légumes. Ou bien le diluer plus et le boire lentement par petites gorgées. Si vraiment le citron leur est insupportable, je le remplace par un pamplemousse. Mais il est plus facile de trouver des citrons partout que des pamplemousses.

En fait, si tant de gens appréhendent le citron, c'est qu'ils ont ce qu'ils appellent des « brûlures » d'estomac. C'est un problème d'acidité. Pourquoi ? Parce qu'ils mangent trop vite. Au lieu de le combattre avec des médicaments symptomatiques, qu'ils commencent par manger lentement. Ils ont une fausse idée du citron. L'acide du citron est un astringent. Il cicatrise, corrige tout œdème, neutralise toute affection, toute inflammation dans l'estomac comme dans la gorge. Il n'a rien à voir avec l'acide chlorhydrique produit par l'estomac.

La vitamine D

Elle joue un rôle majeur dans l'ossification. Elle fixe le calcium et améliore le métabolisme des glucides.

On la trouve dans le beurre, le foie de veau, le foie des poissons, le thon, le saumon et tous les poissons dits « gras ». L'exposition au soleil en procure également.

La vitamine E

C'est un facteur de fertilité et de jeunesse. C'est la vitamine des cellules, elle est désintoxicante.

On la trouve dans le foie, les œufs, le lait, les bananes, la salade, le persil, l'huile d'olive, de maïs et de tournesol.

La vitamine F

Elle redonne fermeté et élasticité aux tissus et contribue au bon fonctionnement intestinal. C'est un anti-mauvais cholestérol.

On la trouve dans l'huile d'olive, de tournesol, de germes de blé, de carthame.

La vitamine K

Elle favorise la coagulation du sang.

On la trouve dans le foie, les œufs, les légumes verts.

La vitamine PP

Elle prévient les troubles digestifs et intestinaux, lutte contre la peau sèche et ridée, prévient les risques de couperose.

On la trouve dans le foie de porc et de veau, le saumon, les germes de blé, les tomates, les épinards, les noix, la levure de bière.

Juste un exemple pour montrer que le bons sens, dans cette affaire de vitamines et de sels minéraux, reste la meilleure des thérapies. On parle beaucoup de la vitamine A, considérée comme « la vitamine de la beauté », car elle régénère les cellules et on la prescrit après l'ablation d'une tumeur cancéreuse pour permettre aux bonnes cellules de se défendre contre une nouvelle agression. Il est tentant de penser que, bien présente toute la vie dans un organisme, elle accomplirait mieux son rôle de défendeur. Mais la prendre en gélules, pilules, etc. est inutile ! Je vous conseille plutôt de manger des carottes et des abricots. ***Un seul et unique abricot***

LES VITAMINES		
	Effets	**Sources**
A	Rôle capital dans la vue. Rôle important dans le maintien de l'intégrité des tissus : peau, ongles, cheveux, os	- foie, surtout de poisson - beurre - jaune d'œuf - céleri, épinards, laitue, cresson, carottes - abricots - huile de palme
B	Groupe de vitamines à vocations diverses mais qui contribuent toutes à accroître la résistance de l'organisme aux agressions extérieures, froid, infections, fatigue	- abats, viande - œufs - poisson, crevettes - légumes secs - champignons - cacahuètes - fruits secs - pain complet - levure de bière - céréales - miel - lait
C	Régularise l'assimilation du calcium, participe à la croissance du squelette, accroît nos défenses	- agrumes essentiellement - tous fruits et légumes fraîchement cueillis
D	Rôle majeur dans l'ossification. Fixe le calcium, améliore le métabolisme des glucides	- beurre - foie - tous les poissons dits « gras » (thon, saumon, etc.) - exposition au soleil
E	Facteur anti-stérilité, vitamine des cellules, désintoxicante	- foie - œufs - lait - bananes - salade - persil - huile d'olive, de maïs et de tournesol
F	Redonne fermeté et élasticité aux tissus, contribue au bon fonctionnement intestinal. Anti mauvais cholestérol	- huile d'olive, de tournesol, de germes de blé, de carthame
K	Favorise la coagulation du sang	- foie - œufs - légumes verts
PP	Agit contre les troubles digestifs et intestinaux, contre la peau sèche et ridée. Prévient les risques de couperose	- foie de porc et de veau - saumon - germes de blé - tomates, épinards - noix - levure de culture pure

sec couvre les besoins quotidiens en vitamine A. En tout cas, dans un organisme qui ronronne. Quand il s'agit de récupérer, il faut en prendre davantage. C'est délicieux, bourré de potassium et, à l'achat, nettement moins coûteux que des gélules.

Les seuls suppléments vitaminiques que je conseille sont la **levure de bière** (en paillettes et en flocons uniquement : en comprimés, ils provoquent des ballonnements) et les **germes de blé**. Je recommande d'ailleurs pour la **peau** d'en prendre en alternance une cuillerée par jour (sans oublier bien sûr de boire beaucoup, ce qui favorise l'hydratation de la peau). Pour absorber autrement les vitamines apportées sous cette forme, il faudrait une quantité de céréales complètes impossible à caser dans une alimentation variée et équilibrée.

CHAPITRE

3

LES QUATRE CLEFS DE L'ÉQUILIBRE ALIMENTAIRE

Se nourrir doit avant tout être un plaisir. « Quand on mange quelque chose avec conscience et plaisir, cela ne fait jamais mal », affirmait le Pr Trémolières, mon « maître à penser », dont je reparlerai. C'était là une des conclusions de sa longue carrière. Manger avec conscience, c'est mettre de l'émotionnel dans le rationnel.

Comme une invitation à la volupté, il se trouve que le plaisir est le « sésame » d'une bonne assimilation digestive, d'une bonne répartition des aliments dans l'organisme et de l'élimination des déchets. Plaisir de la nourriture, du partage, des yeux si l'on se trouve devant une belle table. Plaisir de l'odorat, et même de l'ouïe. Il est si agréable de croquer.

Première clef :

NE PAS MANGER N'IMPORTE QUOI

Méfiez-vous de toutes les nourritures dont vous n'avez pas maîtrisé l'élaboration (traiteurs, conserves), qui risquent plus d'encombrer l'organisme que de le réjouir. Pour ce qui est des conserves, si elles n'ont pas été fabriquées à la maison, rien ne permet d'assurer que les produits d'origine sont de bonne qualité. En outre, elles contiennent forcément conservateurs et antioxydants.

Comme dépannage ponctuel, un jour de pénurie ou de panne d'électricité, oui. Et encore ! Il y a toujours moyen, à notre époque, de trouver des aliments sains qu'il n'est pas besoin de cuire, comme le fromage, les fruits, le pain, l'huile d'olive (« 421 », protéines, glucides, lipides).

■ *Les leurres alimentaires*

Évitez les leurres alimentaires, le « trafiqué », le « faux », l'« allégé », le « light ». Tous ces produits modernes, tous, sans exception, encrassent l'organisme. Pourquoi se précipiter sur ces produits que l'on peut trouver à l'état naturel et originel ? Privilégiez la qualité et les aliments de saison. Il est temps de revenir à plus de naturel et de simplicité.

Plus ça va, moins les aliments ressemblent à ce qu'ils promettent. D'un point de vue philosophique, je trouve cela aberrant. Mon but est de mettre mon expérience et mes connaissances au service des personnes désireuses de modifier leur regard sur la nourriture et de les aider à identifier ce qu'elles vont manger. C'est une leçon de choses. C'est aussi personnaliser son plaisir dans une époque trop standardisée.

Je reconnais qu'il est difficile d'éviter les leurres alimentaires : ils sont de plus en plus alléchants, car toujours plus ingénieux. L'industrie alimentaire a confié cette imitation trompeuse aux meilleurs chimistes. Étonnants faussaires : fausses odeurs de croissants et de brioches, faux sucre, faux beurre, chocolat sans chocolat, confitures sans sucre, etc. Avec ces leurres, vous ne mangez pas ce que vous croyez manger. Ils dévoient vos récepteurs cérébraux. L'homme du XXe siècle n'est même plus capable, au niveau de ses sens, de discerner le bon du mauvais, les leurres du vrai, le poison d'un aliment. À avaler n'importe quoi, nous perdons tout instinct. Notre hypothalamus, l'ordinateur de notre organisme, ne sait plus où il en est. Affolé, il répond mal à ce qu'on lui offre, ou ne répond plus du tout. Nos 9 000 papilles gustatives, pourtant conçues pour informer le cerveau de la présence de tout « attrape-nigaud », perdent leur bon sens.

Les édulcorants

Tous détraquent l'organisme. Aucun n'est anodin. Ignorant que c'est du « faux », le cerveau ordonne au pancréas de sécréter de l'insuline, ce qui est dans l'ordre des choses chaque fois que l'organisme reçoit du sucre. L'insuline favorise la transformation du sucre afin qu'il soit bien assimilé, régit un équilibre en gardant le sucre dont nous avons besoin et en éliminant celui qui pourrait provoquer des dommages. Avec les édulcorants, l'insuline sécrétée par le cerveau trompé va provoquer une nouvelle envie de sucre. Vous finirez par satisfaire cette envie pour échapper à une hypoglycémie, c'est-à-dire à une chute d'énergie due à la diminution ou à l'insuffisance du taux de glucose dans le sang. L'hypoglycémie provoque une terrible sensation d'angoisse. Vous céderez avec bonne conscience à votre envie de sucre, car vous ne comptabilisez pas les édulcorants dans vos calories. Votre cerveau étant incapable de gérer ces informations désordonnées, le sucre s'accumulera dans le sang.

Les édulcorants déclenchent le goût du sucre et les réactions qui lui sont liées, mais ne fournissent pas l'énergie qu'il apporte. Combien de fois ai-je constaté des overdoses de sucre et de triglycérides dans les analyses de personnes affirmant n'utiliser que du faux sucre !

Les produits allégés

Un article fustigeant les produits « *light* » m'a valu reproches et menaces des fabricants. « *Light* » : mot magique ! Qui ne souhaite être léger, allégé dans ses accablements, ses soucis ?

Je me souviens notamment d'une des trouvailles de l'industrie de la « maigritude », qui proposait un produit « vie légère », d'ailleurs fort cher, à ajouter à une quantité d'eau. Le produit analysé ne contenait heureusement rien de nocif. Il s'apparentait à un élément donné au moment du sevrage de l'allaitement. L'eau dans laquelle on mélangeait le produit était plus efficace que le produit lui-même. Qui n'a pas envie de croire en la magie, à défaut de comprendre que nous sommes magiques ? Beaucoup de femmes répugnent à boire de l'eau, mais, aidées par l'idée du magique, elles ont bu. Vu l'efficacité de l'eau, elles ont maigri. Qui ne maigrirait à ne boire que de l'eau? Sur l'emballage, il était conseillé de prendre cette potion durant trois jours. Mais certaines, que l'approche des vacances paniquait, ont continué à boire. Comme, en cette période de l'année, la fatigue atteint des sommets, j'ai rencontré des femmes dans des états physiques, et parfois psychiques, désastreux.

Dans les produits allégés, je fais une exception pour le **lait**. Je le recommande **écrémé, à la rigueur demi-écrémé**. J'ai expliqué pourquoi.

La **crème** allégée? Encore un détournement du goût! Un jour, par mégarde, j'en ai acheté. J'ai dû utiliser le pot entier pour retrouver le petit « plus » que j'obtiens habituellement avec une toute petite quantité de crème « entière ». Il en faut si peu pour « améliorer l'ordinaire ». En fin de compte, j'ai consommé davantage de calories. Mieux vaut un aliment de bonne qualité accompagné d'éléments qui le glorifient, comme des herbes, qu'un aliment de base de mauvaise qualité, donc nocif, que l'on recouvre d'une saveur artificielle. Le goût, comme tous les autres sens, a besoin de notre vigilance.

Côté yaourt, j'opte pour le **yaourt entier** qui, lui, contient cette fameuse présure. Et pour les **fromages blancs** : à 0 % de matières grasses pour ceux qui ont du poids à perdre. Sinon, à 20 %. C'est tout à fait raisonnable si ce fromage blanc est de bonne qualité, si vous mangez très peu de beurre dans la journée et si vous évitez les graisses animales qui aiment « squatter » les parois des artères des hommes et les jolies cellules des femmes.

En revanche, évitez les yaourts aux parfums de fruits. Bien que prétendus « maigres », ils sont sucrés. Évidemment, mieux vaut un fromage blanc aux fruits rouges ou un yaourt aux fruits tropicaux qu'un mauvais gâteau, mais, du point de vue diététique, ce n'est pas l'idéal. Évitez aussi les préparations laitières à base de céréales, souvent pleines de colorants et autres excipients, donc nocives. Les magasins rivalisent de présentations diverses et variées. Les mots et les couleurs séduisent, mais c'est à vous de faire toutes sortes de combinaisons, de composer vous-même votre palette à l'infini.

Les fabricants créent des envies, jouent sur vos intentions de bonne santé, d'énergie ou d'amaigrissement. Les étiquettes interrogent : « Vous manquez de magnésium, de calcium ? » Sur-le-champ, on vous propose le remède immédiat : « Mangez ceci ». Les médias s'en mêlent, et c'est la ruée. Peu après, un autre produit aura la faveur du public et viendra détrôner celui qui vous avait séduit auparavant.

Le **beurre**, par exemple. La plus belle publicité que je crois avoir vue, et qui méritait un oscar, glorifiait ce produit. Des affiches montraient une magnifique motte de beurre – à damner un saint ! – au-dessus de laquelle il était écrit : « vitamine A ». Certes, le beurre en contient, mais quelques abricots en possèdent autant que 1 kg de beurre !

Longtemps décrié, celui-ci a retrouvé une place de choix sur la table avec l'apparition des pâtes à tartiner, allégées ou non. Nécessité économique oblige ! Mais ce qui devait arriver est arrivé : ces pâtes sont si faciles à étaler, même au sortir du réfrigérateur, qu'on en consomme deux fois plus. Or, même allégées, elles n'en sont pas moins composées d'une proportion considérable de graisse. À tout prendre, mieux vaut consommer du **beurre entier de qualité**, mais en limiter sa prise, ou alors utiliser la margarine, qui est une graisse végétale.

Attention aux confitures non sucrées, soi-disant de régime. À l'image du beurre allégé, on a tendance à en « surconsommer » pour retrouver le goût initial de la **confiture** traditionnelle, la bonne, la merveilleuse confiture. Gare aux pièges des édulcorants cachés ! Agrémentez plutôt vos tartines de fromage blanc ou d'une cuillerée à café – c'est une portion raisonnable – de vraie confiture.

Confiture et **chocolat** de « régime » ? Mais quel régime ? Régime de tristesse, oui. Personnellement, je n'ai jamais goûté de chocolat maigre, mais je suis contre le chocolat sans chocolat. Tout ce qui est faux et soi-disant maigre est fabriqué pour que les gens en mangent beaucoup – trop, d'ailleurs – avec la conscience tranquille. Cela satisfait leurs fantasmes plus que leur goût et ne les comble pas de joie.

Les bons **fromages** français décapités de leur équilibre lipidique ne ressemblent plus à rien. Quel piège ! Leur saveur est si vague et leur goût si effacé qu'ils incitent à la débauche. On se remplit l'estomac pour éprouver la sensation que procurerait délicatement une part raisonnable de brie, de bon camembert ou de chèvre.

Méfiez-vous aussi des **assaisonnements** tout préparés. Ainsi, consommez les mayonnaises avec modération. Même allégées à l'extrême, elles ne font qu'alourdir les mets qu'elles accompagnent. Pris séparément, l'œuf et l'huile ne présentent aucun inconvénient. Ensemble, l'émulsion est une épreuve pour l'organisme, en particulier pour le foie, qui n'arrive pas à séparer leurs molécules, donc à les éliminer. Du coup, elles traînent lamentablement dans l'organisme. Les organes rechignent à les prendre en charge, d'autant qu'elles contiennent peu d'éléments valables. Elles échappent à nos « éboueurs », pourtant si vaillants.

Si la paresse vous saisit, ou si le temps vous manque, les **plats-minceur** peuvent dépanner, mais très occasionnellement. Ils donnent bonne conscience : 300 calories par portion de 250 g, c'est tentant. En réalité, ils sont chiches et on reste sur sa faim. Arrive ce qui arrive avec les laitages et les confitures « allégés » : on finit par engloutir deux ou trois portions.

Une alimentation équilibrée, quel que soit le mode de vie, n'a nul besoin de produits de substitution. Je suis persuadée qu'un jour les produits « *light* » seront abandonnés. En attendant, ils nous auront envahis pendant des années.

Il paraît que nous vivons sur un paradis terrestre mais que nous devons gagner notre pain à la sueur de notre front. Certes ! Mais prenons le temps de manger ce pain, et qu'il soit bon. Nous aurons alors peut-être un aperçu du paradis. Imaginons un champ de blé ondulant sous une brise légère. Suivons le chemin parcouru jusqu'à cette bouchée de pain que nous savourons. C'est si beau, des meules de céréales, un moulin, un boulanger qui pétrit. C'est bon de sentir le pain qui résume tout ce parcours. Le pain industriel ne peut procurer cette félicité. Si nous pouvions avoir conscience de l'origine du contenu de notre assiette, nous serions plus circonspect. Deux films peuvent être rapprochés de mon propos. L'un, *Soleil vert*, est un film d'anticipation, où toute poésie du goût a disparu, où les humains se nourrissent de « plaquettes ». L'autre, *Le Festin de Babette*, raconte l'histoire d'une femme qui prépare avec ferveur et générosité un merveilleux repas. Ce film illustre l'amour qui peut se diffuser entre celui qui compose et celui qui reçoit la nourriture.

Deuxième clef : NE PAS MANGER N'IMPORTE COMMENT

On dit souvent que les gens du Sud-Ouest vivent plus longtemps que les habitants de nombreux autres départements français. Ils ne se privent pourtant pas de graisse et de cassoulet. Originaire du Sud-Ouest, je peux témoigner que la vie y est beaucoup plus tranquille qu'en ville. On prend vraiment le temps de vivre, le temps de manger. La qualité de vie favorise les fonctions circulatoire, respiratoire et digestive.

Ne pas manger n'importe comment, c'est ***prendre son temps***. J'ai dit les dégâts d'une ingestion rapide sur l'estomac. Je ne répéterai jamais assez qu'il faut mâcher longuement.

Ne croyez pas qu'il faille tout stériliser. Les « éboueurs » de notre organisme veillent.

Troisième clef : NE PAS MANGER AVEC N'IMPORTE QUI

« Il n'y a aucun problème de digestion lorsqu'on mange avec les gens que l'on aime », affirmait aussi le Pr Trémolières. Cette affirmation résume tout. Manger avec des personnes aimées implique que l'on ne fait pas n'importe quoi dans la vie, que l'on ne fréquente pas n'importe qui, que l'on est capable de discernement. Comme dans une autre des fonctions vitales, la procréation, qui se manifeste par les échanges charnels : si on veut être heureux et épanoui, on ne fait pas n'importe quoi avec n'importe qui.

Depuis toujours, dans toutes les religions, on partage le pain. Un repas devrait être l'occasion de retrouvailles, de détente, de calme, de joie, d'échanges. Une vraie fête! Chaque jour, il faudrait partager au moins un repas avec une ou plusieurs personnes aimées. La nourriture est un moyen de communication unique. C'est pour cela que les repas d'affaires, aujourd'hui si fréquents, sont souvent si difficiles à digérer. À la base, il y a un enjeu. Or, vouloir obtenir quelque chose engendre forcément une mobilisation. On cherche à appâter l'autre par des moyens sensoriels. Généralement, on invite, ou on est invité, dans un restaurant coté et on mange des plats flatteurs, luxueux, variés. On mange trop, on boit trop, on digère mal. Les convives ont peu de points communs et partagent non pas des émotions, mais des sensations. Et puis, pour se montrer à la hauteur, on se concentre, on est stressé. Tout cela est nuisible au système vasculaire.

Si je faisais une comparaison osée, je dirais que les repas d'affaires, et plus généralement tous les repas qu'on avale sans prêter suffisamment d'attention à la nourriture, c'est de la pornographie alimentaire, un soulagement « primaire ». On court après une satisfaction sans obtenir pour autant le plaisir recherché, c'est-à-dire un plaisir fort – pourquoi pas un réel bonheur ? – qui laisse des traces, s'imprime dans le corps. En revanche, les autres repas rejoignent l'érotisme. On vit le plaisir tout court, le plaisir avec un grand *P*. Plaisir de la nourriture, du partage, des yeux, du nez, de la bouche et même des oreilles. Un repas est une communion des sens. On y met toute sa sensorialité, sa subtilité, sa jubilation.

Quatrième clef :
NE PAS MANGER N'IMPORTE OÙ

Le bruit est une des premières causes du stress. Aussi, fuyez les restaurants-halls de gare où conversations et détente sont impossibles. Recherchez les endroits tranquilles. La digestion est meilleure dans un cadre calme et apaisant. Las ! Les gens sont de plus en plus pressés, certains pensent d'ailleurs qu'il faut l'être. Ils confondent souvent agitation et efficacité.

Notre organisation sociale – et c'est dommage – veut que nous déjeunions copieusement à midi. Mais beaucoup ont peu de temps. Certains, voulant néanmoins se faire plaisir, se ruent dans des endroits enfumés, bruyants, et avalent à toute allure un « plat du jour » qui n'est pas forcément bon. Comme me le disait, un jour, un grand cuisinier : « Des clients souhaitent manger en cinq minutes ce que j'ai mis une heure ou plus à préparer. Alors, je congèle et je réchauffe au four à micro-ondes » (pour moi, c'est de la nécrophagie).

La restauration rapide est devenue une véritable industrie. On y avale, à toute vitesse, des plats qui n'ont été conçus que sur des critères de rapidité, pour des gens qui demandent à emporter leur nourriture, pour l'avaler en marchant, dans leur voiture, sur un vélomoteur – j'ai vu cela ! Quand on examine le contenu de ces plats, il y a de quoi être terrifié : 10 %, oui 10 % seulement, sont utiles pour l'organisme. Le reste est bon pour la poubelle. La poubelle, c'est nous ! Les éléments équilibrants, comme les légumes, qui facilitent la digestion et l'assimilation, manquent dangereusement.

La nourriture, c'est le renouvellement des éléments qui permettent de remplir les « placards » vides et d'éliminer ce qui est inefficace, périmé, dangereux.

En conclusion, je dirai qu'**il faut connaître les besoins de son corps pour les satisfaire**. Il faut aussi avoir toujours conscience que tête et corps sont chimiquement inséparables et que **les aliments pris dans la joie et dans la détente apportent le summum du bien-être.**

CHAPITRE

4

POIDS SOCIAL ET POIDS DE SANTÉ

Vous souvenez-vous de Twiggy ? C'était un petit mannequin squelettique érigé en modèle par la mode et par les médias, il y a plusieurs années. Elle accumulait pourtant un maximum de déformations et d'anomalies osseuses. Cette maigreur extrême est passée de mode, mais on exige néanmoins des mannequins qu'elles gardent leur corps d'adolescente, lisse, sans plénitude ni relief personnel.

La carrière des mannequins est à ce prix. Les couturiers n'admettent pas un corps adulte doté de ses propres formes. Or, il y a corrélation entre le poids et la santé. Maintenir quelqu'un en dessous de son poids d'équilibre est possible mais il faut agir avec d'infinies précautions. Les mannequins sont généralement en dessous du poids de santé, qui est le poids idéal.

Le poids de santé est celui avec lequel on se sent bien, et non celui imposé par la mode. Il dépend de l'ossature et de la taille, il n'existe donc pas de règle stricte : c'est une question d'harmonie. Il serait d'ailleurs plus juste de parler de **pli de santé**. Il se vérifie en se pinçant l'avant-bras dans le sens de la longueur et doit être d'à peu près 1,5 cm. Il est constitué du derme, de l'épiderme, de la graisse et de l'eau prévus pour être le plus bel écrin du muscle et du squelette. Un peu plus, on est légèrement enrobé. Un peu moins, c'est la cachexie, c'est-à-dire une maigreur extrême, due à une maladie ou à la sous-alimentation. Certains mannequins, que l'on érige en modèles, frôlent la cachexie.

LES DIKTATS DE LA MODE

Combien de femmes, dotées de rondeurs, se sentent accueillies dans des magasins avec un « Inutile d'essayer, nous n'avons rien pour vous » plus ou moins tacite. De quoi se cacher à jamais !

Les critères actuels de beauté sont affolants, intolérables. Comment s'étonner que tant de femmes ne puissent assumer leur état d'êtres, de séductrices, de mères, de femmes épanouies ? Si vous achetez un magazine féminin, vous voyez une femme vous sourire sur la couverture. Elle est si mince et plaisante à regarder que vous pâlissez d'envie. Vous souhaitez aussitôt lui ressembler. Vous oubliez les leurres, le faux, le maquillage, les privations. Au fil des pages, vous découvrez d'autres silhouettes, toujours aussi filiformes, mais enveloppées de vêtements si attrayants que vous commencez à vous trouver franchement « insortable ». On vous propose en prime des listes de crèmes amaigrissantes ou d'appareils pétrisseurs, compresseurs, aspireurs... Tout cela est inefficace et parfois traumatisant. Mieux vaut se masser, même à mains nues. Cela peut améliorer la circulation sanguine et vous faire prendre conscience de votre corps.

Bref, on vous fait sentir que si vous ne répondez pas aux critères en vogue, rien ne va. C'est si habilement insinué qu'il est difficile de ne pas être conditionné. Du coup, certaines femmes se sentent monstrueuses, répugnantes, avec simplement 3 à 4 kilos superflus. Se croyant alors obligées de ressembler à ces mannequins à la silhouette inaccessible, les voilà prêtes à commencer leur chemin de croix. De nombreuses femmes se mettent en état de carence constante parce qu'elles ne se nourrissent pas assez. Elles ne perdent pas de poids, car leur corps est en économie de survie, comme en hibernation. D'où fatigue, stress, hypoglycémie, et même infertilité.

Les hommes, trop souvent influençables, sont nombreux à aller vers les femmes minces, style mannequin. Ils jugent valorisant de se montrer avec ce type de femmes reconnu, homologué. Maintes confidences masculines m'amènent pourtant à penser qu'instinctivement la sensualité, la sexualité masculine s'expriment dans la volupté d'une certaine quantité de chair. C'est cela qui fait la joliesse d'un corps, lui donne son agrément et son sens.

Il ne faut pas remonter si loin pour retrouver ces femmes ravissantes et bien en chair, ces muses qui ont inspiré tant de peintres. Je dirai simplement que la féminité est merveilleuse. Un ravissement. J'imagine que certains couturiers ne la supportent pas, puisqu'ils cherchent à gommer les formes féminines. Quelle tentation de créer la femme à leur image ou à l'image qu'ils en ont! Coco Chanel, par exemple, était très « plate », très mince. En pleine époque du *glamour*, elle a dupliqué son image en comprimant les seins de ses mannequins. Certains stylistes, qui ne s'acceptent pas, ont peut-être une motivation inverse : ils cherchent à multiplier ce qu'ils auraient aimé être.

N'oublions pas l'impact de la mode, la force de ses décrets. Ils changent si vite, ils varient tant d'une saison à l'autre! J'ai connu ainsi les femmes avec seins, les femmes sans seins. On impose un modèle unique. Je voudrais tellement que les gens ne se laissent pas piéger. Chacun a son harmonie. Quel intérêt, ces copies conformes à l'infini? Naissez, mourez, personne ne peut le faire à votre place. Entre-temps, la société de consommation ordonne, manipule. Quel dommage!

Même l'amour est un domaine où l'on a fixé modèle et critères. J'estime que la belle, la bonne, la vraie sexualité, passe par une connaissance de soi, qui permet, avec un partenaire qui se connaîtrait aussi, un réel échange de personnalités, d'identité sexuelle, un enrichissement mutuel. On explore, on évolue dans une recherche réciproque du plaisir. On s'épouse. Quel joli mot!

SENSORIALITÉ ET CONFORMISME

Pour moi, ce qui est charnel, sensoriel, sexuel, s'apparente à la nourriture. Quand on sait ce qu'on aime, on le prépare avec bonheur pour le faire aimer et mieux le partager. On ajoute, si possible, la petite chose que l'on connaît de soi et de l'autre qui intensifiera le plaisir dans la communion. Un échange riche passe par le rassemblement de son être propre, par la connaissance de ses capacités et de ses désirs. Cette connaissance permet l'accomplissement dans tout domaine, le « bien faire » qui procure une intense satisfaction.

Voltaire disait : « Nous sommes tous comme la plupart des dames de Paris. Elles font grande chère sans savoir ce qui entre dans les ragoûts ; de même, nous jouissons des corps sans savoir ce qui les compose. »

Il n'y a que dans les pays industrialisés où l'on définit le bien-vivre, où l'on propose des produits de bonheur. La qualité de vie, l'essentiel, je les ai trouvés chez des gens très simples mais qui avaient simplement l'intelligence de la vie, suivaient leur instinct, avaient conservé le sens du plaisir, du bonheur, de l'efficacité, de l'entraide et de l'amour.

Le bonheur est une quête sans fin. Il n'est jamais défini une fois pour toutes. Mais vous avez plus de chances de le rencontrer si vous êtes en forme, tous vos sens aiguisés pour mieux vous déterminer, savoir quoi refuser, éviter, accepter, accueillir.

Les gens cherchent leur « moi » au travers d'une conformité médiatique qu'ils croient indispensables pour plaire, être aimés, communiquer. Parce qu'ils se connaissent mal, manquent de confiance en eux et n'ont pas conscience de leurs propres richesses, ils se jettent sur des solutions toutes prêtes, toutes faites. Ils pensent que conformité rime avec réussite. Plus le temps passe, plus ils s'éloignent d'eux-mêmes. Or, chacun a sa singularité, son authenticité, qui ne demandent qu'à vivre et à s'épanouir. En cinquante années de pratique, à mon grand bonheur, je n'ai pas rencontré deux personnes semblables. Chacune cachait plus ou moins une originalité, ou « originelleté ». On s'aime davantage quand on se comprend. Il faut admettre qu'on est comme on est, voir ce qui, en soi, est aimable et ne l'est pas, chercher l'équilibre. La plupart des gens sont obnubilés par ce qui ne va pas, ne plaît pas, dérange. Mais même une disgrâce physique n'empêche pas d'être aimable, plaisant et peut devenir un attrait. Cela est valable aussi pour l'impalpable.

QUAND LE CORPS EST UN INSTRUMENT

La majorité de ceux qui me font confiance sont comédiens, danseurs, chanteurs, mannequins... Leur corps est un instrument. Ils doivent concilier l'impératif d'apparence auquel ils sont soumis avec l'efficacité et la santé.

Des acteurs viennent s'enquérir avant un tournage pendant lequel ils vont prêter leur enveloppe à un personnage créé par un auteur et le faire vivre aux yeux de leurs spectateurs. Ils doivent parfois maigrir, parfois grossir. Il leur faut, en tout cas, rester en excellente forme, surtout si le tournage dure plusieurs mois. Si le métier d'acteur est fondé, pour une bonne part, sur l'apparence, il s'apparente souvent à une véritable performance physique. Tension psychologique, tournages de nuit épuisants, acrobaties parfois... Certains acteurs terminent un film avec un métabolisme bouleversé. Je me souviens d'une actrice qui avait joué, deux ans de suite, une pièce en costume et corset rigide. Toute l'architecture de son corps était modifiée, déformée. Il a fallu la remodeler. Je pense aussi à cette délicieuse et talentueuse comédienne qui, pendant de longs mois, avait interprété *Les Dames du jeudi*. À chaque séance sur la scène, elle devait manger des gâteaux. Elle fut très surprise d'avoir pris 10 kilos à la fin des représentations, puisque c'était le personnage, et non elle, qui avait mangé...

Des comédiens s'impliquent tellement dans leur métier qu'ils en oublient leur être propre. Ils ont prêté, donné même, leur corps à un personnage. Ce personnage les a habités, les a éloignés d'eux-mêmes, les a vampirisés. Le film achevé, leur instinct et leurs repères leur échappent. Quelques-uns se sentent « banalisés » dans la vie courante et les moyens utilisés pour se « ressentir » ne sont pas toujours souhaitables.

C'est un grand plaisir de les voir redevenir eux-mêmes après qu'ils ont prêté leur apparence et leur talent à différents personnages.

POIDS DE DEUIL ET MAL D'AMOUR

J'ai vu des gens qui grossissaient pour des raisons psychologiques.

Cela survient parfois à la mort d'un être cher.

Madame de Sévigné écrivait à sa fille, qui se mourait de tuberculose : « J'ai mal à votre poitrine. » On constate que des gens qui accompagnent l'agonie d'un être cher ne cessent de grossir, au fur et à mesure que le malade décline. Cela continue parfois même après sa mort, comme un phénomène inexplicable de « vases communicants ». C'est le « poids du deuil ».

Une femme avait pris ainsi 10 kilos à la mort de son mari, qu'elle adorait. Pourtant, elle ne mangeait pas davantage. Mais toute contrariété provoque des décharges d'adrénaline. Dans des situations dramatiques, douloureuses, qui semblent insurmontables, un système de protection se met automatiquement en place. Le corps se bloque, les fonctions physiologiques ralentissent, comme si le cerveau voulait atténuer la douleur.
Cette femme a gardé ses 10 kilos pendant dix ans. Un jour, elle a souhaité les perdre. Elle y est parvenue d'ailleurs assez rapidement. Elle a alors replongé dans l'origine de sa douleur, a revécu la mort de son mari. Avec beaucoup de courage, elle a exorcisé cette souffrance, témoin de sa solitude. Elle a quitté ce voile de deuil et retrouvé une raison de vivre, différente de celle qu'elle avait partagée avec son époux. À son grand étonnement, elle a existé autrement.

J'ai vu des mères grossir après la perte d'un enfant. Comme si elles souhaitaient retourner en arrière, se retrouver dans l'état de grossesse, retrouver le côté nourricier qui les unissait à l'être disparu.

D'autres prennent du poids après un chagrin d'amour.

Une toute jeune fille, belle et svelte – photos à l'appui – avait été très douloureusement trompée, puis abandonnée. Quand nous nous sommes rencontrées, elle avait pris 25 kilos. Elle aussi les a perdus. J'ai craint un temps, car cela arrive souvent, qu'elle ne supporte pas de retrouver son poids d'origine, ce poids symbolique qu'elle avait au temps de son bonheur, qu'elle ne supporte pas de se retrouver dans la circonstance qui l'avait amenée à grossir. J'ai tenté de la préparer à accepter de revivre ce moment douloureux. Des gens, surpris par sa nouvelle silhouette, lui disaient : « Mais que tu es belle ! On n'imaginait pas... » J'ai misé sur ces compliments, sur son envie de reconquérir une silhouette, cette silhouette qui pourtant ne lui avait pas épargné sa disgrâce mais pouvait aussi lui offrir un autre horizon. J'ai misé sur sa possibilité d'enfiler de nouveau un maillot de bain, de se montrer, sur son bien-être acquis, son bon état physique et psychique, pour qu'elle utilise autrement sa nouvelle silhouette, sa nouvelle vie. Elle y est parvenue.

TOUT KILO DOIT ÊTRE NOURRI

Notre corps est sage et ne peut pas absorber plus que ses besoins. On mange pour se nourrir, pas pour maigrir ou grossir. Une surcharge pondérale est un handicap. Avoir 5 kilos de trop est un « travail » de plus, une fatigue de plus pour l'organisme, en particulier pour le cœur. Même 1 kilo superflu aiguise l'appétit, car tout kilo doit être nourri. Certes ! Le problème est que le poids est devenu obsession, sujet privilégié de conversation et d'échanges. Il est tellement plus facile de parler des kilos que de son mal-être. Ils sont tangibles, réels, on peut mesurer, peser, vérifier. Qui est prêt à entendre les états d'âme ? Je ne dis pas : les prendre en charge, je dis bien : les entendre et apprendre ce qu'ils cachent.

Trop de gens s'illusionnent. Ils pensent que, s'ils deviennent minces, le merveilleux va entrer dans leur vie. Leurs amours, leurs activités, leur métier, tout, mais vraiment tout, va changer. La déception est souvent à la hauteur de leurs espérances. Dans ce cas, les kilos ne tarderont pas à réapparaître. Avant de commencer un rétablissement alimentaire – je préfère ce terme à celui de « régime », trop associé aux idées de privation et de pénitence –, il faut s'interroger sur les motivations de celui qui l'entreprend.

J'estime que **le poids n'est à combattre que lorsqu'il devient gêne, souffrance, quelle que soit la raison. Ou sonnette d'alarme :** il signale parfois un dysfonctionnement général ou une maladie.

LES CALORIES

Je n'y pense pas ou j'en parle peu.

Le nombre de calories quotidiennes pour chaque personne est tellement variable qu'il ne peut y avoir de règle précise. Au même âge, à activité physique égale, certains dépensent 1 200 calories par jour et d'autres, 3 000. Cela dépend des habitudes alimentaires adoptées dès l'enfance et de l'état général. Un organisme épuisé consume moins de calories. On peut très bien n'absorber que 1 500 calories et avoir du mal à les brûler. Quand tous les organes fonctionnent correctement, quand l'« usine » tourne à fond, une bonne digestion en utilise près de 400. Un organisme en mauvais état en utilisera la moitié. De même, une bonne nuit de sommeil, quand tous nos « travailleurs » de nuit préparent notre journée du lendemain, brûle aussi environ 400 calories. Une mauvaise nuit, beaucoup moins.

Je convertis les calories qui, par définition, donnent de l'énergie, en énergie nécessaire à chacun, selon l'âge, l'activité et la dépense physique. Quand je pense alimentation équilibrée, je pense éléments énergétiques, je pense éléments complets. **Je distingue les calories graisseuses, qui se transforment en graisse, des calories énergétiques et aisément combustibles.** C'est à ces dernières que va ma préférence.

> Je fais ainsi la différence entre un bon et un mauvais croissant. Le premier est fabriqué avec des matériaux de bonne qualité, une bonne farine, du bon beurre. Le second est composé de n'importe quoi. Une farine de mauvaise qualité, une graisse plus difficile à transformer. Ces mauvais croissants sont toujours préparés à l'avance et glissés au four au dernier moment, chargés de produits qui vont dégager des odeurs attractives mais artificielles. L'un et l'autre contiennent autant de calories. Le mauvais ne procure que des inconvénients. On l'occultera, mais il sera quelque part dans notre corps, méchamment installé. Le bon, lui, apporte un bienfait. On se souviendra du plaisir qu'il nous a donné et le corps en tiendra compte.

Les calories obsèdent maintes personnes, et sont le sujet de beaucoup d'erreurs. Ainsi, pour rétablir une courbe pondérale un peu en hausse, des gens suppriment des aliments à réputation calorique, se créant ainsi d'énormes manques. Certains absorbent une barre soi-disant énergétique, pensant peut-être que plus la ration est petite, moins elle est calorique. Or, certaines de ces barres apportent la ration calorique de toute une journée. Et seulement un faible pourcentage de leur contenu est intéressant pour l'organisme. Le reste, c'est poubelle.

La mode bannit les aliments nutritifs et nourrissants, prône des éléments qui remplissent mais ne servent à rien. Et les *a priori* fleurissent. Le miel ? « C'est plein de calories, c'est trop nutritif », s'insurge-t-on. À raison de trois ou quatre cuillerées par jour, on arrive à 1 000 calories par semaine, soit deux barres de distributeur. N'est-ce pas plus que raisonnable, compte tenu de ses bienfaits ?

Entre deux éléments caloriques, le miel et le foie gras, le choix est vite fait. L'un est bienfaisant tous les jours du fait de ses vitamines et de ses minéraux. L'autre est hypercalorique et sans intérêt pour l'organisme. Il peut être un clin d'œil complice à son organisme, quelques rares fois par an.

DES MÉTHODES ABERRANTES

Je vois des gens qui ne contrôlent pas leur courbe de poids en accordéon, qui ont perdu la maîtrise de leur appareil digestif ou ne l'ont jamais eue. Je vois des gens très sportifs et en pleine forme jusqu'à trente ans, puis pervertis par la vie professionnelle, les repas d'affaires, la sédentarité. Leur organisme est déséquilibré. D'autres dont le métabolisme – c'est-à-dire l'ensemble des transformations chimiques et biologiques qui s'accomplissent dans l'organisme – est perturbé par une opération du tube digestif, une grossesse, un choc, ou encore un traitement médicamenteux qui a eu des répercussions néfastes sur tel ou tel organe. Je vois aussi des gens qui ont trop « joué » avec leur corps. Pour avoir obéi à des modes, écouté de dangereux conseils, accumulé des régimes aberrants, acheté des produits nuisibles, ils sont dans un état épouvantable. Ces gens se sont perdus de vue.

■ *Des gélules assassines*

Certains praticiens prescrivent des gélules. Au début, miracle ! Quelques gélules pendant quelques jours, et 4 à 5 kilos s'envolent. C'est le ravissement ! On enfile de nouveau des habits longtemps relégués dans les placards. Mais ce sont les muscles qui disparaissent ainsi que la chair, cette bonne chair. Car ces petites pilules, diurétiques, coupe-faim, extraits thyroïdiens, dérèglent les fonctions. « Dérégler » est un mot faible. Elles peuvent rendre fou, elles ont parfois tué. Bien qu'interdites, on les trouve encore en pharmacie, mais camouflées sous des noms attractifs – fausse homéopathie, herbes, gélules personnalisées – pour déjouer la méfiance qui s'est installée après quelques drames révélés au public. Ne vous y trompez pas : la plupart contiennent encore des produits violents et méchants.

Récemment, j'ai entendu au cours d'une émission télévisée un témoignage bouleversant, pathétique. Une femme, au visage magnifique, racontait son histoire. Il y a quelques années, taraudée par 2 ou 3 kilos superflus, elle avait consulté un médecin. Il lui avait mis dans la tête qu'elle était obèse, donc monstrueuse. Elle l'avait cru et avait accepté ces fameuses gélules, soi-disant à base d'herbes, qu'il lui prescrivait. Aujourd'hui, la voilà en dialyse, avec, à en juger à l'image, 20 kilos de trop. Les organes, bousculés, n'ont plus fait leur travail, le rein a « encaissé » à outrance et s'est détruit.

Je peux difficilement parler de ces régimes et de ces produits, car je ne les cautionne pas. Je les réprouve même totalement et les rejette avec violence. Un mélange de tristesse et de colère m'envahit lorsque je me trouve devant une de leurs « victimes ». En tant que femme féminine et féministe, je suis autant en colère vis-à-vis de ceux qui prescrivent en bonne conscience ces poisons que vis-à-vis de celles qui pensent résoudre leurs problèmes sans changer leurs habitudes.

■ *Les régimes en vogue*

Je compare souvent l'organisme à une maison qui a besoin d'être alimentée, nettoyée, fleurie, entretenue. Ou encore à une chaudière. Celle-ci brûle le combustible qu'on lui donne et fournit de l'énergie. Il faut deux conditions pour obtenir un équilibre alimentaire : du bon combustible (des aliments indispensables à l'organisme) mais aussi des « allumettes », c'est-à-dire des aliments qui déclenchent, dans le transit digestif, la transformation progressive des aliments, leur distribution et leur combustion. Les « allumettes », ce sont les fibres, les légumes et les sucres non raffinés. C'est un accompagnement qui permet de garder ce qui, dans l'alimentation, est bon, et d'éliminer ce qui ne l'est pas. Vous aurez beau ajouter du combustible, encore et encore, si vous oubliez l'« allumette » qui permet aux aliments d'être correctement brûlés et distribués, la maison sera mal chauffée. Et le but de la nourriture, qui est de nourrir l'ensemble du corps, ne sera pas atteint. Si vous mettez du mauvais bois, du mauvais charbon, la chaudière s'encrassera et n'apportera pas la chaleur souhaitée. Si vous mangez mal, vous n'aurez pas l'énergie souhaitée. Si vous mangez bien, vous aurez davantage de vitalité et un meilleur rendement.

La plupart des régimes en vogue ne proposent pas suffisamment d'« allumettes ». L'un d'eux, très à la mode en ce moment, est très permissif, puisque tous les corps gras sont tolérés, presque proposés. Il ne recommande donc que des aliments peu combustibles pour remplir la chaudière. Du coup, l'organisme bloque la graisse, la garde, la stocke, la déplace dans le foie, dans les artères. Le taux de cholestérol grimpe à une allure grand V. De plus, les kilos mal perdus ont entraîné de bons éléments. Que de mauvaises mines et de chutes de cheveux ai-je vu, sans parler de dégâts moins visibles !

Je constate que *la majorité des régimes prônent une consommation excessive d'éléments néfastes*, nuisibles même. La graisse ne s'évapore pas. Or, il faut bien qu'elle aille quelque part. J'estime démagogiques ces régimes qui prônent trop de gras. On sait que les gens aiment la charcuterie, le beurre et le foie gras – qui ne présidait autrefois qu'à une circonstance annuelle.

D'autres régimes complaisants proposent de plus en plus de « bourrer » l'estomac avec des aliments inutiles ou des produits qui gonflent dans l'estomac, produits vantés par de charmantes comédiennes qui, je l'espère pour elles, n'en consomment pas. Et au détriment des aliments vrais que l'on aurait mangés avec sagesse, on va continuer à s'« empiffrer ».

Quelques mots encore sur toute une série d'autres régimes en vogue, avec leurs caractéristiques et leurs inconvénients.

Les régimes dissociés

Il en existe plusieurs qui, tous, proposent en alternance une consommation exclusive, chaque jour, d'un type d'aliment. Exemple : poulet à tous les repas, un jour. Poisson le lendemain, fruits le surlendemain, etc., ou viande à un repas, légumes à un autre, etc.

Inconvénients : effondrement pondéral musculaire, dérèglement nutritionnel aboutissant, au mieux, à une reprise de poids, au pire, à des maladies de carences.

Le régime végétalien

Exclusivement à base de végétaux, légumes, fruits, huile, céréales, il exclut tout produit d'origine animale.

Inconvénients constatés : l'excès de légumes, de légumineuses et de fruits entraîne troubles digestifs, ballonnements, mauvais état général et anémie.

Le régime végétarien

Il prône les produits végétaux mais tolère quelques produits d'origine animale, comme le lait et ses dérivés, les œufs, le beurre.

Inconvénients : moins de carences qu'avec le végétalien mais troubles digestifs.

Le régime à base de crudités

À base d'aliments crus d'origine végétale, il admet le lait et ses dérivés, les œufs, le miel, le pain et les biscuits.

Inconvénients : troubles digestifs et irritations intestinales dus à l'excès de cellulose.

Le régime macrobiotique

Il ne propose que des céréales et des légumes naturels sans aucun ingrédient issu de transformations chimiques ou industrielles. Seul avantage : il prône la mastication.

Inconvénients : il comporte des assaisonnements très salés et il est carencé en protéines et en lipides.

D'une façon générale, tous les régimes déséquilibrés ou « sectaires » vont à l'encontre du rôle de la nourriture : santé et partage, et d'un équilibre durable du poids.

Les régimes trop polarisés sur certains éléments n'ont que des inconvénients. Seuls les échanges permanents fournis par une alimentation saine et variée permettent de garder la chair, la peau et les fonctions en bon état. Mangez un seul élément une semaine entière, même du foie gras, et votre silhouette se modifiera forcément. Vous perdez du poids, un peu de graisse et de chair. Mais le métabolisme s'effondre. Les parties nobles sont entamées : les muscles et leur écrin de chair fondent. Non alimentées, les fonctions ralentissent. Le cerveau reçoit mal les informations intérieures et extérieures, et les déchets s'accumulent.

Au mieux, le corps bataillera pour avoir son dû. Le cerveau enregistrera les dettes et se « rattrapera » à la première occasion. Au pire, je l'ai vu, on devient squelettique, avec un corps parsemé de boules de graisse et de cellulite. Privé de ses éléments d'échange, traumatisé par les manques, l'organisme garde le bon et le mauvais pour ne pas perdre ses réserves. Il reste encombré. Le poids ne baisse pas. Les cellules souffrent, s'encrassent, s'enflamment, des dépôts excessifs, anormaux et inesthétiques les déforment. C'est la cellulite. Les cellules me font alors penser à de petites maisons « squattées » par des locataires indésirables, d'où leur difficulté à vivre. L'eau et le sang, dont elles ont besoin pour vivre, ne leur parviennent plus. Elles s'agglomèrent en corps étrangers. L'eau les encercle et comprime les petits capillaires. La peau prend un vilain aspect en surface. La partie encombrée gonfle et peut être douloureuse.

Le succès de la rééducation alimentaire ne se mesure pas à la perte de kilos, mais au fait qu'ils ne reviennent pas.

Le réalisme s'impose : seuls de nouvelles techniques d'alimentation et un art du « bien manger », sans frustration, sont venus à bout des kilos récalcitrants. Si vous ne respectez pas une hygiène alimentaire, les kilos chassés reviendront. Pire : vous vous retrouverez plus gros qu'avant. De régime en régime, d'année en année, le corps se lassera de jouer les accordéons. Les efforts seront de plus en plus disproportionnés par rapport au résultat.

LE CHOLESTÉROL

Vaste question ! En petite quantité, c'est un élément précieux, puisqu'il participe à la construction de nos cellules et à la fabrication de certaines hormones. Il veille aussi au bon fonctionnement de notre système nerveux. Mais en excès, il devient nocif. Favorisé essentiellement par une alimentation déséquilibrée, cet excès dégrade prématurément le cœur et les vaisseaux sanguins, exposant à des maladies cardio-vasculaires.

Pour assurer les fonctions vitales, le cholestérol circule dans le sang à travers l'organisme. S'il devient trop abondant, il se dépose à l'intérieur des artères, contre les parois, formant des plaques de graisse, nommées « plaques d'athérome ». Ces plaques apparaissent à votre insu, sans douleurs ni troubles apparents. Une analyse de sang et divers examens très sophistiqués permettent de déceler leur existence, et ceci d'autant plus si des membres de votre famille souffrent déjà de maladies cardio-vasculaires. Si l'on ne prend aucune mesure, si l'excès de cholestérol persiste, ces plaques s'épaississent progressivement, diminuent le calibre des artères, ralentissent le flux sanguin, gênant ainsi peu à peu l'irrigation des organes.

Avec le temps, des troubles apparaissent. Il s'agit, le plus souvent, de douleurs survenant lors d'un effort, dans la poitrine par exemple (angine de poitrine) ou dans le mollet, à la marche. Mais la maladie peut aussi se révéler de façon brutale, par interruption de la circulation sanguine : c'est l'infarctus du myocarde ou l'« attaque » cérébrale. Il faut des années pour qu'un excès de cholestérol entraîne ce genre d'accident, mais certains facteurs accélèrent le processus : l'hypertension artérielle, le tabac, l'hérédité, le diabète, ainsi que l'excès de poids. Aujourd'hui, on sait que le risque de maladies cardio-vasculaires peut être considérablement diminué en corrigeant ces divers facteurs et en réduisant le taux de cholestérol.

La découverte d'un « bon » cholestérol a apporté une nuance aux pronostics sévères. Celui-ci est un « éboueur » qui ramène le « mauvais » cholestérol au foie et se charge de cet excès afin qu'il ne devienne pas un danger pour le cœur. Dans tous les cas, un excès de cholestérol (plus de 2 g/l de sang) n'est pas anodin. Des dégâts surviendront, peut-être moins vite, mais ils surviendront. Le cœur n'aura peut-être pas de problème, mais le pauvre foie, lui, travaillera beaucoup trop. Imaginez : il doit tout filtrer. Il ne pourra assumer une tâche trop lourde et négligera ses autres rôles.

La première mesure à prendre contre l'excès de cholestérol est de s'alimenter de manière saine et équilibrée.

Il faut donc veiller à *réduire la consommation d'œufs :* le jaune détient le record en matière de cholestérol. Il en donne 300 mg. Cela correspond à la dose maximale autorisée chaque jour. Il ne faut donc pas dépasser quatre œufs par semaine, sans oublier de compter ceux inclus dans les pâtes et les pâtisseries. Il faut aussi réduire les abats, les charcuteries, les viandes grasses, préférer les viandes maigres et le poisson, diminuer le plus possible les matières grasses d'origine animale, comme les parties grasses de la viande, et privilégier les graisses d'origine végétale, comme l'huile d'olive et l'huile de tournesol.

La façon de cuisiner a également son importance. L'idéal est de cuisiner sans matières grasses. Pour cela, on peut diversifier les modes de cuisson (viandes en grillades, au four, bouillies, poissons au court-bouillon, au four, grillés, en papillottes, légumes à l'eau, ou, mieux, à la vapeur, ainsi qu'en vinaigrette) et utiliser avec ingéniosité épices et aromates, qui apportent de la saveur.

En résumé, **pour lutter contre le cholestérol, il faut :**
– réduire la consommation d'œufs (4 par semaine) ;
– réduire les abats, les charcuteries, les viandes grasses ;
– privilégier les viandes maigres et le poisson ;
– privilégier les graisses végétales (huile d'olive et de tournesol).

LES SUBSTITUTS DE REPAS ET LES PRODUITS DITS DE RÉGIME

Je les rejette tous avec vigueur. Leur succès m'étonne et m'inquiète. Il est vrai que, pour les vanter, les fabricants font appel à des gens célèbres, qui ont une réputation de bons vivants et auxquels on peut facilement s'identifier. Les fabricants connaissent fort bien la psychologie et le mode de vie des consommateurs. Ils devancent leurs besoins, s'engouffrent dans les créneaux. Les gens sont pressés ? Offrons-leur des « fast-food » ! Ils ont envie de bronzer ? Allons-y ! Les propositions vont pleuvoir sous les formes les plus séduisantes. Je me souviens de pilules fabriquées en Suisse, mais interdites dans ce pays, destinées à « jaunir » une catégorie de poules, les poules à la chair jaune étant alors particulièrement prisées. Cela se passait il y a quelques années. En France, ces pilules furent vendues – d'ailleurs fort cher – comme produit bronzant. Elles remportèrent un franc succès jusqu'à ce que l'on découvre leurs inconvénients : foie épuisé et taches jaunes dans les plis de la peau.

On me demande souvent pourquoi je suis si farouchement opposée à tous les substituts de repas. Ils sont « si pratiques, si vite avalés, si légers à emporter », me dit-on. Je les renie absolument, parce qu'ils sont néfastes à tous points de vue. Ils ne font que gonfler l'estomac. Ils le calment un temps mais n'apaisent pas la merveilleuse nécessité, l'extraordinaire besoin qu'on appelle l'appétit. **Ils trompent la faim, mais pas le corps**, qui continue à réclamer.

En outre, avec ces produits, vous ne reconnaissez plus ce que vous mangez. Vous achetez une petite tablette X ou Y. L'emballage vous indique qu'il y a des protéines. Admettons ! En tout cas, il n'y a pas forcément les bonnes.

Et quand bien même il s'agirait de protéines de lait, de barres « hyperprotéinées »... cela aboutit à un déséquilibre (cf. la règle des « 421 ») et peut provoquer une augmentation de l'urée, à cause d'une mauvaise distribution des protéines. C'est ainsi que les sportifs font des tendinites.

En plus, vous ne « sentirez » pas cette tablette. Vous la mangerez comme un médicament. Du point de vue philosophique, je trouve cela inacceptable. Une alimentation identifiable est capitale si l'on ne veut pas retomber dans les travers qu'on tente de corriger et si l'on veut échapper à tout déséquilibre alimentaire ainsi qu'à un manque de vitamines et de sels minéraux.

Pourquoi se jeter sur des substituts de repas hyper- ou hypoprotéinés fort onéreux? De nombreuses protéines amies sont à portée de main. Nous avons l'embarras du choix. Elles se trouvent dans tant d'aliments. Elles ont un goût identifiable et font partie d'un tout, rentrent dans un contexte. Ce sont les murs de la maison. Elles nous permettent de tenir debout. Si le toit n'est pas solide, si les murs menacent de tomber, à quoi cela sert-il ? En plus des murs et du toit, il faut aménager la vie intérieure.

Les compositions pharmaceutiques sont valables, dit-on, quand on est « en panne ». Certes, mais à condition de ne pas se dire « en panne » alors qu'on peut trouver autre chose. Aucune composition chimique ne remplace valablement une protéine. Je ne vois l'utilité du conditionnement que dans des cas exceptionnels : pour les cosmonautes, par exemple. Nous sera-t-il bientôt proposé la nourriture des Martiens ? Il est possible d'emporter des aliments en toute circonstance. Même aux explorateurs qui partent très loin ou aux navigateurs, comme ceux de la Route du rhum, je propose des éléments peu encombrants, énergétiques, efficaces et adaptés au climat : biscuits complets, fruits secs, chocolat, citrons, lait en poudre ou concentré... Je les conseille aussi aux gens qui voyagent, notamment aux hôtesses de l'air, qui, dans les pays où elles vont, manquent souvent de temps pour trouver les possibilités saines. Elles savent au moins ce qu'elles mangent.

Pas étonnant qu'avec les produits de régime, on reprenne ses kilos. Rancunier, le corps va revendiquer. Ce merveilleux ordinateur qu'est l'hypothalamus a tout enregistré.

Si les besoins du corps et de la tête ne sont pas satisfaits, les fonctions ralentissent, l'organisme ne répond plus. Dès le repas suivant, le corps rattrape ce qui a été perdu, même si ce repas est tout à fait ordinaire. Non seulement le corps rattrape, mais il stocke.

Des carences psychiques s'installent. Le corps, y compris le cerveau, fonctionne jour et nuit. La nuit, tête et corps remettent les choses en place, fourbissent leurs armes pour le lendemain. Ils continuent donc à se nourrir, à pomper sur les réserves de l'organisme. Privé du nécessaire, le cerveau déconnecte. Le manque incite à recourir à des excitants : café, tabac, alcool. Ces éléments devraient constituer un moment de plaisir, mais ne peuvent et ne doivent pas remplacer la nourriture.

L'OBÉSITÉ ET LE POIDS IDÉAL

Le docteur Olivenstein affirmait ne pas connaître de drogués heureux, et Dieu sait si certains pensent l'être quand ils se droguent. Je n'ai, quant à moi, jamais rencontré d'obèses heureux. Quelques personnes très fortes et célèbres disent se moquer de leurs kilos, se sentir très bien ainsi, ne pas vouloir changer. Je ne les crois pas.

Je pense à quelques actrices assez enrobées et très talentueuses. Elles n'aiment pas leur corps, et ne l'ont sans doute jamais aimé. Certaines caricaturent même leur disgrâce. Elles éprouvent, je pense, une véritable souffrance, une vraie blessure, qu'elles soulagent comme elles le peuvent. Elles savent que, même minces, elles ne seront jamais très belles. Cela aussi, elles veulent le masquer. Chacun de leurs films m'apparaît comme une thérapie. Quand elles jouent, on sent bien qu'elles souhaitent qu'on perçoive d'elles autre chose que leur corps, qu'on se rende compte de leur immense humour. Elles mettent toute leur énergie, toute leur séduction dans l'expression de leur talent. Leur apparence devient costume de scène.

Woody Allen, aussi, se trouve physiquement ingrat. Lui aussi cherche donc à séduire autrement. Lui aussi sublime ses complexes pour se protéger. Il nous fait participer très intelligemment à sa thérapie. Et avec quel talent !

Faut-il considérer comme idéal le poids d'un apollon ou d'une vénus ? Faut-il se soumettre aux caprices des modes ?

CALCUL DU POIDS IDÉAL

Hommes	Femmes
Poids = taille - 100 - $(\frac{\text{taille} - 150}{4})$.	Poids = taille - 100 - $(\frac{\text{taille} - 150}{2,5})$.
Exemple pour un homme mesurant 1,70 m :	Exemple pour une femme mesurant 1,60 m :
$170 - 100 - (\frac{170 - 150}{4}) = 65$ kilos.	$160 - 100 - (\frac{160 - 150}{2,5}) = 56$ kilos.

En fait, le poids idéal reste difficile à définir. Il peut déjà y avoir 3 kilos de différence de poids de squelette à hauteur égale, selon qu'on est menu(e) ou plus charpenté(e).

Poids idéal et embonpoint localisé

D'autre part, dans les rééducations pondérales que je rencontre, je vois trop souvent des personnes très au-dessous d'un poids convenable, mais une partie de leur corps est très encombrée et l'autre, décharnée. J'ai vu, trop souvent, des femmes qui, par un acharnement cruel, ont peu à peu usé leur poids de soutien et se retrouvent au pire avec un squelette habillé de cellulite, hâve, triste, les cheveux « ruinés ». J'ai vu de pauvres mannequins très au-dessous de leur poids de santé avec des couches de cellulite. Elles fonctionnaient à coups de café pour tenir et de tabac pour tromper leur faim. Leur carrière était à très court terme. Conséquences – hélas ! – de nombreuses tentatives mal conduites, qui ont entamé des parties nobles de leur organisme (chair et muscles) et surchargé de mauvaise graisse et de déchets les endroits plus susceptibles de les recevoir (le bas du corps, en général). ***Cellulite*** signifie « inflammation de la cellule ». C'est-à-dire que les cellules sont envahies par les déchets et ne reçoivent plus le sang et l'eau, source de vie.

Il faut alors renourrir les cellules affamées et chasser les indésirables. Pour ce faire, il est nécessaire de rétablir les fonctions négligées en offrant à nouveau à l'organisme les éléments reconnus comme indispensables et proscrire ceux qui procurent plus d'embarras que d'énergie. Le régime des dix jours (voir « Passeport pour la forme », p. 117) est indiqué pour drainer les endroits surchargés grâce à l'absence de sel et à la position allongée, favorable aux échanges (pendant les trois jours d'élimination, voir p. 102), et grâce aux aliments proposés qui fournissent les matériaux de construction : protéines, glucides, lipides, vitamines, sels minéraux, sous la forme la plus assimilable. L'eau recircule, entraînant les indésirables, les vaisseaux sanguins se libèrent de leur compression, l'activité cellulaire se rétablit. Pour peu que l'on décide de se bouger agréablement, de marcher, de danser, de nager, stimulant ainsi le circuit sanguin et lymphatique, ça marche !

■ *L'obésité*

Pour prévenir une obésité ou une maigreur, on peut considérer, à quelques nuances près (muscles, ossature), qu'à partir de 10 % au-dessus ou au-dessous de la moyenne, débutent l'obésité ou la maigreur. Au-delà, elles deviennent franches.

L'obésité est le résultat d'une nourriture aberrante, trop abondante, ou d'une accumulation de régimes.

C'est aux États-Unis que l'on rencontre le plus d'obèses. Les Américains, d'origines si diverses, ont effacé depuis longtemps les traces génétiques de leurs cultures et leurs traditions d'origine. Les racines effacées, ils se sont abandonnés, pieds et poings liés, à des règles de conduite générales souvent dictées par l'économie. Plusieurs générations font les frais d'erreurs et d'expériences (vitamines à tout-va, produits recommandés mais méconnaissables). Les aliments simples et naturels, comme les légumes, leur sont presque étrangers. L'eau plate aussi – hormis le grand verre d'eau glacée systématiquement servi à table. D'ailleurs, pendant très longtemps, on ne trouvait que des boissons gazeuses et sucrées. Excepté dans certains milieux où la mode est à la diététique, les Américains ont une alimentation aberrante.

Une obésité reconnue se traite en milieu médical. Pendant un temps, les obèses traités n'absorberont pas plus de 400 à 500 calories par jour et seront donc incapables de la moindre action. En revanche, il m'est arrivé de voir des gens qui relevaient de la « définition » de l'obésité parce qu'ils avaient pris de 20 à 30 kilos à la suite d'un événement précis. Pour ces gens habituellement minces, devenus très gros, il est tout à fait possible de combattre les kilos sans hospitalisation, quand la circonstance qui les amenés à grossir est comprise.

Je pense à ceux qui ont pris du poids à la suite d'un deuil, d'une séparation, d'un bouleversement affectif, et qui sont prêts à se retrouver sans la protection de leurs kilos. La circonstance déclenchante est atténuée, ils souhaitent essayer de changer, ils désirent que tout rentre dans l'ordre. Je pense aussi aux femmes qui ont suivi des traitements hormonaux pour avoir des enfants et qui commencent leur grossesse avec, parfois, 15 kilos de trop.

Il paraît que l'on aurait isolé récemment le gène de l'obésité. Tous les laboratoires déploient le maximum d'énergie pour trouver un médicament adéquat. Je m'interroge : ce gène n'existe donc pas pendant les guerres ou dans certains pays ? La génétique disparaîtrait-elle alors ? Ce gène est-il particulièrement virulent aux États-Unis, pays des obèses ? Serait-il donc aussi contagieux ?

Est-il si grave de constater que devenir gros est le fait de trop et de mal manger, avec une disposition certaine et injuste pour ceux qui, très jeunes, ont été surnourris ?

Certains affirment aussi que l'obésité est « raciale ». Dans l'île Maurice, je n'ai vu que des habitants très minces. Quelques-uns, revus plus tard à Paris, avaient triplé de volume. De même que les Japonais émigrés aux États-Unis. Je ne crois pas à un déterminisme.

En revanche, je crois que tout se prépare dès la vie *in utero* J'y reviendrai.

À vous je confie ceci : un officier supérieur du Moyen-Orient m'a révélé que le chef du gouvernement de son pays, estimant que les cadres de son armée étaient trop gros, leur avait posé un ultimatum : s'ils ne maigrissaient pas dans le mois, ils seraient dégradés. Tous ont maigri ! Ils n'avaient pas le choix !

CHAPITRE

5

COMPEN-SATIONS TOXIQUES

Nous possédons trois familles de neurones. La première est celle des neurones sensoriels, commune à tout le monde. Elle enregistre ce qui nous est communiqué par les cinq sens : le toucher, l'odorat, l'ouïe, la vue, le goût. La deuxième est la famille des neurones personnels. Chaque être humain a « sa » manière de recevoir et d'appréhender les messages des sens. La troisième est celle des réponses, des réactions.

Tranquillisants, somnifères, tabac, alcool isolent la deuxième famille, celle des neurones personnels, de soi, d'autrui et des événements. Ils permettent d'être moins atteint, moins concerné. Avec eux, on passe directement de la famille des informations à la famille des réponses. Le mécanisme est là, mais privé de sens critique.

La rééducation alimentaire est tout à fait indiquée pour se dégager de tous ces produits, ainsi que du café.

LE CAFÉ

Autrefois, la caféine était prescrite sur ordonnance pour soutenir une tension artérielle au-dessous de la moyenne. La cotation du café en Bourse en a fait une boisson pilote. Un pilote très excité, avec de violentes accélérations et d'angoissants coups de freins.

Le café étant une plante, on pourrait l'assimiler à la phytothérapie. Nenni ! Cependant, c'est une boisson qui peut être agréable, à l'odeur délicieuse, mais on ne devrait en user que de façon exceptionnelle. Le café-plaisir, oui : quelques gorgées dans une jolie tasse à la fin d'un délicieux repas, avec la perspective d'un après-midi sans stress. Le café-excitant, le café pour remplacer la vie, lutter contre un coup de fatigue dû à un manque de sommeil, ou, plus souvent, à une surcharge de cholestérol ou de toxines dans le sang, non ! La pause-café est devenue une habitude. Les Italiens, décidément maîtres en matière de plaisir, boivent un verre d'eau après quelques gorgées de café. Le rein est ainsi libéré de son agresseur.

Le café est un poison. Des études lui attribuent un élément nocif, l'ochratoxine A, qui pourrait être responsable de certains cancers du foie. Le café n'apporte ni force ni énergie. Au contraire, il épuise l'organisme. Il agit aux dépens de nos propres récepteurs, pompe nos réserves, active les glandes surrénales, augmentant ainsi l'adrénaline. Chaque décharge brûle environ 45 mg de calcium. À jeun, le café est une véritable agression. C'est un vasoconstricteur brutal qui excite les muscles lisses, le cœur, la vésicule, le pancréas, les surrénales qui, durant la nuit, se sont reconstitués pour pouvoir satisfaire nos besoins du lendemain. Quel gaspillage ! Le cœur part au galop, le sang envahit le cerveau, vous avez l'impression d'être d'« attaque ». Attaquer quoi ? Cela provoque surtout une **décharge d'insuline,** cette hormone sécrétée par le pancréas, **qui appellera plus vite, et plus fortement, une quantité de glucose injustifiée : vous aurez très faim.** Une certaine quantité de bile, cet élément régulateur de la digestion contenu dans la vésicule, sera gaspillée. Résultat : il n'y aura plus assez d'enzymes pour assimiler les graisses ingérées par la suite. Quand l'effet de la caféine cessera, on ressentira une grande fatigue. Pour la combattre, on aura tendance à se précipiter vers l'un de ces distributeurs qui déversent pâtisseries médiocres et café dans de vilains gobelets en plastique.

En même temps, parce qu'il force nos récepteurs, le café nous rend plus vulnérables aux événements extérieurs. Il nous fait perdre notre self-control. Les informations sont amplifiées, exacerbées. Nous ne les recevons plus avec nos oreilles, mais avec un haut-parleur. De simples contrariétés deviennent des agressions monumentales.

LES MÉFAITS DU CAFÉ

Au-delà de 1 g de caféine par jour, soit 4 à 5 petites tasses, le café peut provoquer les troubles suivants :
– **troubles cardiaques** : sudation, hypertension, tremblements, pouls désordonné, troubles vasomoteurs ;
– **colites** (ventre ballonné et douloureux) ;
– augmentation du taux de **cholestérol** (la fixation des graisses étant favorisée) ;
– **troubles hépatiques** ;
– **logorrhée** (incontinence verbale : parole désordonnée et excessive) ;
– **troubles de l'estomac** dont l'acidité augmente, même avec du décaféiné.

La caféine inhibe l'absorption du fer, d'où des risques d'anémie.
Chez les femmes enceintes et celles qui allaitent, le café doit être proscrit : on retrouve la caféine dans les urines des nouveau-nés. Si l'adulte élimine la caféine en 3 heures environ, il faut 4 jours au nouveau-né pour s'en débarrasser !
Enfin, il faut savoir que la caféine se cache dans de nombreuses boissons sans alcool : les sodas à base de cola, par exemple.

LE THÉ

C'est une boisson agréable et qui offre une gamme infinie de variétés, plus ou moins excitantes. Un thé, le matin, pour boire une boisson chaude, oui ! Son effet est moins brutal que celui du café puisqu'il s'étale sur cinq heures. La cérémonie du thé durant la journée, oui, à condition de ne pas abuser. Je conseille un maximum de deux cuillerées à café ou deux sachets de thé par jour. Cette ration me semble raisonnable. Sinon, la dose d'excitants absorbée devient perturbante. Par ailleurs, il faut savoir que la théine, comme la caféine, inhibe l'absorption du fer.

Je préfère le cacao au thé le matin (voir p. 105), mais en voyage, du thé et un laitage sous une forme quelconque, fromage ou yaourt, valent mieux qu'un lait trop lourd, un chocolat pas très bon dont on gardera un souvenir un peu désagréable.

Contrairement à ce que l'on pense, plus le thé infuse, moins il est fort. Toute la théine se libère dans les premiers moments de l'infusion. Au fur et à mesure de l'infusion, le tanin se dégage et la neutralise. Autrefois, on se servait d'un samovar. On buvait du thé le matin pour s'éveiller, puis on laissait infuser et on rajoutait l'eau chaude du samovar au cours de la journée.

Le thé et le café ne peuvent être considérés comme des liquides nettoyeurs de cellules, parce que l'un comme l'autre sont vasoconstricteurs. Ils traversent trop rapidement le corps, brutalisent le rein. Le thé peut malgré tout servir d'hydratant de secours dans certaines circonstances de voyage où l'eau est suspecte. Les thés verts ou rouges sont très faibles en théine, équivalents à une infusion légère, et ne favorisent donc pas le stockage des graisses.

L'ALCOOL

Les boissons alcoolisées doivent être bues occasionnellement. Leurs calories ne sont utilisables ni pour le travail musculaire ni pour lutter contre le froid. Elles ne doivent pas dépasser 10 % de la ration calorique journalière.

■ *Les apéritifs et les digestifs*

Ils multiplient insidieusement les calories et le degré de tolérance de l'organisme à l'alcool et aux contrôles routiers. Le vin est le seul apéritif acceptable à mes yeux, et seulement le très bon vin !

■ *Le vin*

C'est une boisson complexe. Il contient 80 à 90 % d'eau, 10 à 15 % d'alcool, du sucre, du potassium, du magnésium et un peu de vitamine B. La nature des tanins varie en fonction de chaque espèce. Ainsi, le vin rouge est plus « remontant », le vin blanc, plus excitant et plus calorique. On trouve plus facilement un bon vin rouge qu'un bon vin blanc : ce dernier demande une préparation délicate. Le bon vin blanc est rarement un « petit » vin, il ne peut être qu'un vin de luxe. En revanche, il existe de bons petits vins rouges tout à fait acceptables.

Tout le monde connaît les conséquences de l'abus d'alcool. Ce sucre à combustion rapide fait grossir, perturbe le tube digestif, détruit les cellules du pancréas et du foie. Celles-ci ne sont pas conçues pour recevoir brutalement une grande quantité de sucre et ne sont donc pas en mesure de le transformer. À plus ou moins long terme, surviennent la cirrhose ou des problèmes pancréatiques. L'excès d'alcool est responsable de violences meurtrières, d'accidents, de maladies, de tares. Il ne devrait jamais constituer une circonstance atténuante, ce qui est parfois le cas dans les procès criminels. Il est cependant impératif de comprendre *pourquoi* on boit, afin d'agir sur les causes.

Un homme d'activité moyenne ne doit pas dépasser 1/2 l de vin (à 12°) par jour. Une femme doit boire encore moins. Elle devient plus vite alcoolique qu'un homme. Pourvu de cinq fois plus de cellules graisseuses, son corps conserve l'alcool plus longtemps. Son foie est plus petit, donc plus rapidement imprégné. **Une femme est considérée comme alcoolique lorsque sa consommation dépasse 1/2 l de vin (à 12°) par jour**.

Si les gens étaient capables de boire simplement pour accompagner un plat, uniquement pour le plaisir du palais et de la cérébralité. Mais, hélas !, lorsque le vin devient un moyen de supporter la vie, l'escalade est rapide.

De même que les kilos appellent les kilos, le tabac appelle le tabac, le sucre appelle le sucre, le gras appelle le gras, l'alcool appelle l'alcool.

Comme si on acceptait un locataire de plus en plus exigeant. Le soir, l'alcool sert souvent de coupure. Un peu comme un rideau qui se baisse sur une journée pour permettre de se retrouver en coulisses. Le spectacle continue mais, cette fois, dans notre propre mise en scène intime, où l'on s'effondre en attendant que le rideau se lève pour rejouer un rôle imposé. On boit pour oublier la journée. Petit à petit, on augmente la dose parce qu'on n'a plus le courage de faire autre chose – il est si simple de prendre un verre. Mais comme cela ne résout rien, c'est un deuxième verre, puis un troisième. Ce faisant, la nuit est compromise et le matin est triste.

Il est difficile de se sevrer de l'alcool. Boire régulièrement déclenche un besoin. Le corps a une mémoire, il sait que, le soir, il va recevoir un élément très sucré. Il attend sa dose.

■ *La bière*

Cette boisson fermentée à base d'orge germée et aromatisée mélangée à des fleurs de houblon, est très saine, mais alcoolisée. Certains prétendent que la quantité de 2 l par jour est sans danger pour un sujet normal. Il ne faut quand même pas oublier que **la bière fait grossir** à cause de l'alcool. 1/4 l par jour me semble tout à fait tolérable. Cependant, je la conseille, tout comme le thé d'ailleurs, lors de voyages dans certains pays où l'eau est douteuse. On peut alors boire sans dommage jusqu'à 1,5 l par jour. Comme on transpire, la sueur l'élimine.

Il faut la boire en dehors des repas : elle fait gonfler l'estomac, parce qu'elle y reste plus longtemps que l'eau.

■ *Le cidre*

Il est à rapprocher de la bière, sinon que son acidité est moins bien supportée.

LE TABAC

J'ai assisté, un jour, à l'inoculation de la dose de nicotine contenue dans une seule cigarette à un saint-bernard, ce chien d'un poids à peu près égal à celui d'un jeune adulte. Ce fut très impressionnant. Je l'ai vu perdre ses repères, ses ressources, trembler, tituber, s'affoler. Il fut même incapable de manger.

Le tabac est l'un de mes ennemis avec lequel il m'est très difficile de négocier, de transiger. La cigarette, tout comme le café, pourrait ponctuer un moment particulier, comme un calumet de la paix. Mais, la plupart du temps, elle remplace un acte.

LES MÉFAITS DU TABAC

Au-dessus d'une cigarette par jour pour 10 kg de poids, on peut parler d'intoxication.

Une cigarette élimine 45 mg de calcium et de vitamines, notamment la vitamine C.

Le tabac réduit la sensibilité des papilles gustatives, encrasse les poumons, réduit la capacité respiratoire et l'oxygénation de l'organisme entier.

Il durcit et encombre les artères, compromet les fonctions sexuelles et reproductrices.

Chaque cigarette raccourcit la vie de sept minutes.

Le tabac est une catastrophe pour la santé, je n'apprends rien à personne en l'affirmant. Lui aussi épuise l'organisme. Une seule cigarette élimine 45 mg de calcium, parce que la nicotine tétanise les muscles, ainsi que des vitamines, notamment la vitamine C, diminuant ainsi les défenses immunologiques naturelles. Il réduit la sensibilité des papilles gustatives – la subtilité des mets passe donc inaperçue –, encrasse les poumons, réduit la capacité respiratoire et l'oxygénation de l'organisme entier. Comme il durcit et encombre les artères, pour peu qu'on ait du cholestérol, le risque de maladies cardio-vasculaires augmente considérablement. Les femmes étant de plus en plus nombreuses à fumer, elles aussi sont dorénavant victimes de ces maladies traditionnellement « réservées » aux hommes.

Savez-vous que chaque cigarette raccourcit la vie de sept minutes et que le tabac agit sur toutes les parties du corps, depuis la peau jusqu'aux organes sexuels ? On trouve de la nicotine jusque dans les glaires du vagin. Le tabac durcit les parois des vaisseaux, diminue leur élasticité, ce qui compromet les fonctions sexuelles et reproductrices.

Avec plus de 2 000 toxines, les premières bouffées d'une cigarette créent une certaine torpeur, permettent donc un certain recul. On refuserait peut-être cet effet inhibant si, quelques secondes après, ne survenait l'autre effet, celui de la nicotine. Celle-ci excite, contracte les muscles, donne ainsi la sensation d'exister. Quand on fume, on est là sans être là, comme derrière une vitre.

On s'agite plus qu'on agit. Le tabac me fait penser à un ami présent chaque fois que survient un événement difficile. Il est là, il n'y a qu'à tendre la main vers le paquet tout proche. Il est là! Mais, immanquablement, il se transformera en vandale, laissera ses déchets dans votre espace et emportera un de vos précieux bibelots.

Il a ceci de pervers que ses effets sont certains, mais insidieux. Et fumer est passé dans les mœurs. Jusqu'à présent, aucune campagne de prévention n'a pu rivaliser avec les lobbies du tabac. Pour moi, c'est la drogue la plus aberrante. De plus, les non-fumeurs vivant au contact de fumeurs sont victimes d'une intoxication égale à trois ou quatre cigarettes par jour, avec les conséquences graves qu'elles peuvent entraîner : affections respiratoires pour les enfants exposés dès la naissance à une atmosphère polluée, crises d'angine de poitrine chez un coronarien, ou d'asthme chez un asthmatique.

Certaines personnes viennent chez moi pour tout autre chose qu'une intoxication au tabac. Mais quand il me semble évident qu'une part de leur malaise provient d'un excès de cigarettes, je propose une journée sans tabac. Certains ont alors un sursaut d'effroi, comme si je leur annonçais une condamnation. Cette réaction leur fait prendre conscience de leur aliénation. Ils ne rendaient pas le tabac responsable de leur malaise, ils avaient tout envisagé comme remède à leur inconfort, sauf l'arrêt du tabac.

> Une adorable petite comédienne, très tôt consacrée et célèbre depuis, m'avait consultée pour son poids et une nervosité excessive. Quand je lui ai dit qu'elle avait tout intérêt à arrêter de fumer, elle a éclaté en sanglots avant de dire doucement : « Je n'ai que ça. » Comme si « ça », la cigarette, était son besoin le plus pressant, son bien le plus précieux, plus que sa carrière et son succès, que beaucoup lui enviaient. Elle s'est effondrée en larmes mais n'a pas cessé pour autant de fumer. Connaître les méfaits du tabac ne suffit pas pour l'abandonner.

Je reconnais qu'il est difficile de se priver de la sensation de protection ajoutée à l'excitation de la nicotine. Le geste oral et la succion sont des sensations bien agréables. D'ailleurs, ceux qui tentent de s'en sevrer deviennent souvent agressifs (ils « sortent » ce que la cigarette leur permettait de taire) et plus revendicatifs (la cigarette leur permettait de ne pas l'être).

LES SOMNIFÈRES

Il existe des somnifères « starters », essentiellement destinés à ceux qui voyagent beaucoup et subissent des décalages horaires. Ils font plonger rapidement dans le sommeil mais leur effet ne se prolonge pas. Les autres font dormir plus longtemps mais anéantissent les messages du subconscient qui surviennent après les quatre heures de sommeil physiologique durant lequel le corps s'est détendu, reposé et « rechargé ». Les dormeurs « artificiels » sont ainsi privés de « messages » personnels souvent importants. Renier le rêve, c'est nier les étoiles sous prétexte qu'on ne les voit pas durant le jour.

Certes, l'insomnie est inconfortable. Mais on peut la positiver et en profiter. Il se passe parfois des choses fort instructives. J'ai connu des gens qui se levaient, écrivaient ce qu'ils ressentaient et, petit à petit, accédaient à des prises de conscience, d'ailleurs pas toujours faciles à accepter. Mais, décidés à bannir les somnifères, ils passaient outre les difficultés.

Certains consomment des somnifères toute leur vie. Dommage! Mieux vaudrait qu'ils se libèrent de toute aliénation, se fortifient mentalement et se rendent aptes à changer ce qui doit l'être.

LES TRANQUILLISANTS

Dans certaines circonstances où seul le temps peut cicatriser une blessure insupportable et irréversible, comme un deuil, des médicaments peuvent voiler la cruauté d'un événement. Mais si l'on peut trouver en soi la force de rester ouvert aux autres au lieu de s'enfermer dans sa propre douleur, on en sort plus aguerri, tout en gardant une cicatrice intime.

Ceux qui souhaitent se défaire de ce voile, puisque je crois très fort à l'union des corps et des âmes, doivent fortifier le temple qu'est le corps, qui contiendra plus aisément l'esprit torturé, et épanouir de nouveau l'esprit. Pour cela, il faut sentir son corps, ne serait-ce qu'en retrouvant l'apesanteur dans une piscine, en marchant dans la nature, en chantant sa propre chanson. Combien de traditions populaires se servent du chant pour exorciser une douleur : fados, negro spirituals...

La consommation des excitants et des tranquillisants augmente avec le pessimisme qui s'installe dans notre société. Les gens souhaitent « s'isoler » de plus en plus, être moins concernés, moins conscients. Nous sommes pourtant à l'image de notre planète. Nous aussi vivons des séismes, des changements de climat, des drames, la pollution. Cela a toujours été ainsi. Je ne peux imaginer une vie sans difficultés.

CHAPITRE

6

PASSEPORT POUR LA FORME

La question est de savoir comment garder la forme ou comment la retrouver quand on l'a perdue. La forme n'est pas un concept narcissique destiné à l'autosatisfaction, elle est la première condition de la santé. Ce principe est vieux comme la médecine. Il a été clairement formulé par Hippocrate puis repris, il y a 400 ans, par Ambroise Paré, médecin de génie. Il fait appel à la bonne manière de vivre. Personnellement, je crois à la diététique qui s'attache particulièrement à l'hygiène alimentaire. Je crois aussi à l'ensemble des moyens naturels physiques et psychologiques pour garder et recouvrer sa santé par l'hygiène corporelle et mentale.

Ce que je propose est tout simple. C'est se rappeler le rôle essentiel de la nourriture et renouer avec certaines habitudes alimentaires fondamentales, auxquelles beaucoup ont renoncé ou qu'ils ont oubliées. Je propose de dépasser les modes, de retrouver l'instinctif, l'intemporel, le naturel, de rechercher le plaisir sensoriel de la nourriture et la bonne vie.

Pour ma part, je ne connais qu'un moyen pour remettre un organisme en état – quelle que soit la raison qui l'a perturbé – et le faire fonctionner à tous points de vue, esthétique, physiologique, psychologique : c'est de lui donner le carburant adéquat. Mais, auparavant, il faut procéder, avec constance, à un nettoyage à fond pour éliminer déchets et toxines, pendant dix jours. Ce n'est pas moins, ce peut être un peu plus. **L'hypothalamus, ordinateur du corps, a besoin de dix jours pour enregistrer de nouvelles informations, de nouvelles propositions, puis distribuer ses « ordres » à tout l'organisme, notamment à l'appareil digestif.** Le métabolisme aussi a besoin de ce laps de temps pour abandonner son ancien comportement et en adopter un nouveau. Pendant ces dix jours, on maîtrisera la nourriture, on offrira à l'appareil digestif une nourriture sur mesure et facile à assimiler. On choisira, vérifiera, préparera, appréciera les aliments.

Première étape de dix jours :
LA CURE DE DÉSINTOXICATION

■ *Premier et deuxième jours : la phase d'élimination*

Premier jour

Il est préférable de commencer la cure un samedi, surtout si vous travaillez toute la semaine.

- ***Avant même de vous lever***, buvez 1/2 l d'eau.

  La position allongée favorise l'élimination, le drainage et les échanges (les reins travaillent mieux), rectifie les compressions dues à un gros estomac et les difficultés de circulation au niveau des jambes. Tous les organes sont en place. En position verticale, la pesanteur complique ces échanges.

- ***Petit déjeuner*** : un bol de lait écrémé, avec une cuillerée à café de cacao pur non sucré (le chocolat Van Houten est l'un de ceux-là) et une cuillerée à café de miel.

  Épuré d'une partie de sa graisse, le chocolat constitue un excellent tonique (bourré de potassium, de magnésium et de phosphore), bien meilleur que tous les excitants habituels.

Une seule cuillerée de poudre de cacao amer fournit la dose quotidienne de magnésium indispensable pour attaquer la journée. On peut d'ailleurs en prendre davantage. En hiver, je propose volontiers du cacao plusieurs fois par jour pour se réchauffer et se sentir bien.
Si vous ajoutez une cuillerée de miel dans votre bol de chocolat, vous voilà paré pour la matinée. Vous avez, avec le lait, une bonne portion de protéines et de calcium, plus l'énergie du chocolat, le sucre et la magie du miel.

- ***Quinze minutes avant le chocolat, ou plus tard dans la matinée***, (le chocolat étant plus long à digérer), prenez une orange ou un pamplemousse.

L'agrume peut être consommé en jus ou mangé à la petite cuillère, aucune importance. Si vous buvez, prenez le temps de savourer le jus comme un très bon vin. Manger un pamplemousse à la cuillère est très agréable, mais plus long. Vous devez effectuer le travail du presse-agrume, mâcher et écraser la pulpe dans la bouche pour qu'elle ne fermente pas dans l'estomac.

- ***Dans la matinée*** : 1 l d'eau avant midi.

- ***Au déjeuner*** : 200 g de poisson maigre (lieu, merlan, colin...) cuit en papillote ou à la vapeur, agrémenté de citron, d'herbes et d'un filet d'huile d'olive, ou 200 g de viande blanche. Ou encore 150 g de viande rouge. Le tout, accompagné de 300 g de légumes cuits.

500 g est la quantité de nourriture à ne pas dépasser quand on cherche à remettre un estomac en état. Ce volume ne le dilatera pas et permettra une digestion aisée.

- ***Deux heures après*** : 1 yaourt avec une cuillerée à café de miel.

Le yaourt apaise et amorce l'intestin. Plutôt un « vrai » yaourt qu'un yaourt fantaisie, souvent plein de conservateurs et d'édulcorants. Il est préférable de préparer soi-même ses propres mélanges, de choisir soi-même un bon miel, une bonne confiture.

- ***Vers 16 heures*** : 1 hydromel, c'est-à-dire un citron pressé avec de l'eau et une cuillerée à café de miel.

  J'ai déjà cité ses innombrables vertus (voir p. 34). Il redonne de l'énergie et évite de grignoter.

- ***Vers 19 heures***, commencez à boire un bouillon de légumes.

  En effet, durant cette journée, vous vous êtes concocté un bouillon sur mesure avec tous les éléments nécessaires au nettoyage des cellules et très vite assimilables.

BOUILLON DE LÉGUMES

• Verser **1,5 l d'eau** dans un autocuiseur (ou dans un grand récipient).
• Disposer dans le panier :
– **1 kg de poireaux** (ils sont diurétiques et riches en potassium. Le corps retient l'eau s'il manque de potassium) ;
- **500 g de carottes** pour la vitamine A (renouvellement des cellules) ;
- **500 g de tomates** pour le potassium et autres minéraux ;
- **quelques branches de céleri** pour le parfum ;
- **quelques brins de thym** pour ses vertus désintoxicantes.
Ne pas ajouter de sel (1 mg de sel retient 1 l d'eau pendant huit heures).
• Laisser cuire le tout 20 mn.
• Filtrer pour séparer les légumes du bouillon.

Je vous conseille de commencer à boire assez tôt, disons vers 19 heures, pour que les premières heures de votre sommeil ne soient pas perturbées par l'envie d'uriner.

Vous boirez trois bols de bouillon, espacés de dix minutes. Ensuite, vous mangerez les légumes, à trois reprises (chaque fois, le contenant d'un petit bol chinois), à vingt minutes d'intervalle.

Il est préférable de manger les poireaux le jour de leur cuisson : après, ils fermentent. Vous pouvez agrémenter vos légumes avec une vinaigrette : de la moutarde (une cuillerée à café maximum), des herbes à volonté, du poivre, du citron ou du vinaigre, et, obligatoirement, deux cuillerées d'huile.

L'huile assure un bon travail de l'intestin et apporte le minimum obligatoire de lipides. Elle est indispensable tant que les autres lipides ne sont pas réintroduits.

- ***Au coucher*** : un yaourt avec une cuillerée à café de miel.

  Le calcium se distribue mieux pendant le sommeil. Il aura tout le temps de remplir les petits placards qui en demandent.

La journée de remise en forme a commencé.

Pendant la nuit, en effet, le corps et le cerveau agissent. Ils vont assimiler les informations que vous leur avez données. Ils sauront déjà qu'il se passe quelque chose. Tous les éléments bienfaisants de ce bouillon magique vont aller frapper aux portes de votre espace intérieur, comme des amis. Elles s'ouvriront gaiement pour favoriser les échanges du lendemain.

Votre nuit sera reposante, car vous avez appliqué l'hygiène adéquate. Pas de repas copieux, pas d'ennemis du sommeil, comme l'alcool, le café et le tabac.

HYDROMEL SANS ALCOOL

- 1/4 l d'eau ;
- 1 citron pressé ;
- 1 cuillerée à café de miel.

CACAO

- 1 bol de lait écrémé ;
- 1 cuillerée à café de cacao pur non sucré ;
- 1 cuillerée à café de miel.

Deuxième jour

Je vous propose une diète de vingt-quatre heures.

Quand on parle diète, on pense immédiatement au jeûne, une pénitence que l'on s'inflige après un « péché » de gourmandise. Notre éducation judéo-chrétienne s'est conjuguée à un fond de masochisme pour donner corps à cette idée.

Diète et jeûne sont différents. La première est une façon de vivre. Le second, c'est l'abstinence : il entraîne fatigue, nervosité et perte du moral. Je recommande une alimentation à base de produits hautement énergétiques par leur teneur en protéines, en calcium et en vitamines, mais de faible valeur calorique. Tous ces produits vous veulent du bien. Ils sont nécessaires à l'organisme, de la tête aux pieds. Chacun a son « sésame » et sa fonction. C'est pourquoi j'insiste beaucoup sur cette diète, quelles que soient les raisons du mal-être à résoudre.

Préméditez cette diète avec bonheur. Vivez-la comme un pèlerinage aux sources, comme l'ouverture d'une porte verrouillée qui vous permettra d'accueillir des amis bienveillants et heureux de vous retrouver, vous aidera à pousser d'autres portes, à améliorer votre espace et chasser les indésirables.

Le corps étant sollicité, reposez-vous le plus possible. Vous ne vous lèverez que pour boire et vous nourrir, la position allongée favorisant l'élimination.

Vous resterez allongé(e), non pas comme un(e) malade, mais comme une diva en vacances ou un pacha.

La journée de désintoxication, telle que je la conçois, revêt en effet des allures de vacances. Vivez-la comme un plaisir. Ah, le plaisir ! Vous connaissez mon point de vue sur la question. Nos civilisations en ont fait une invention diabolique. L'inconfort ou le remords servent d'expiation. Moi, je vous propose de vous offrir un cadeau de bien-être qui vous permettra de quitter l'état de pauvre mouette mazoutée et de vous envoler. Installez-vous dans une ambiance de calme et de tranquillité. Mettez votre machine au repos pour mieux vous tourner vers vous, vous écouter, vous comprendre, goûter les aliments, être attentif à toute nouvelle sensation. Cette première journée semble un peu magique, déterminante et révélatrice. Révélatrice, parfois même douloureusement, certaines personnes ayant peine à rester face à elles-mêmes, ne s'aimant pas assez pour cela.

Soyez votre propre invité. Choisissez vos plus beaux verres, vos plus beaux plateaux. La présentation est très importante. Faites-vous une cérémonie. Chaque bouchée doit ravir vos papilles gustatives et provoquer un réel bien-être. Entourez-vous de ce que vous aimez : de bons livres, de musique, ou de silence. Au besoin, débranchez le téléphone ou branchez le répondeur. Laissez-vous aller à de longs moments de flânerie contemplative. Ne faites que des choses agréables qui n'exigent aucun effort. Aussi, préférez à tout autre jour, si vous en avez la possibilité, un dimanche, pour vous écouter vivre, vous nourrir au calme, ressentir ce que vous allez mettre dans votre organisme, comme une mouette qui retrouve peu à peu ses plumes. Vous ne retrouverez votre corps et votre esprit que si vous êtes en paix avec vous-même, que si vous prenez le temps de vous observer et n'êtes pas distrait à gauche et à droite par vos occupations habituelles. La réflexion n'est pas de mise dans notre vie moderne. « La très sainte oisiveté est bannie des grandes villes », a écrit Christian Bobin.

Il n'est nul besoin d'être célibataire et sans enfants pour vivre cette journée de bonheur. Quand on a décidé de changer quelque chose dans sa vie et qu'on sait qu'il faut être disponible, on s'organise à l'avance. On improvise bien quand la maladie nous cloue au lit. Les gens très occupés se programment un week-end longtemps à l'avance. Les mères de famille prévoient de faire garder les enfants par le mari, les grands-parents ou une amie. Je ne connais aucun cas où, lorsqu'il y avait nécessité, cela n'a pas été possible. J'ai vu des adolescents participer. J'ai vu toute une famille suivre cette cure de deux jours parce qu'elle réunit. Elle s'est retrouvée autour de quelque chose de bénéfique pour tous. On se rassemble bien autour d'un repas qui n'est pas toujours favorable.

> En dehors des bienfaits intérieurs sensibles, mais peu visibles dans le miroir, de ces quarante-huit heures, **les effets bienheureux sur le teint sont spectaculaires**. Bien des professionnels du cinéma ou des photos utilisent ce moyen pour obtenir une mine idéale. Notre belle Catherine Deneuve révèle qu'elle la pratique dans les « secrets » de beauté qu'elle a livrés à un journal féminin[1].

- ***Dès votre réveil, et durant les premières heures de cette journée***, vous n'absorberez que des aliments liquides afin d'éliminer un maximum de déchets.

1. *Madame Figaro*, 29 octobre 1989 et *Jour de France*, 30 octobre 1989.

Vous offrirez à votre organisme la dose exacte d'éléments nutritifs dont il a besoin, mais sous une forme immédiatement assimilable. Cette perfusion entretiendra les mécanismes de la digestion mais votre organisme aura un minimum d'efforts à fournir et les organes concernés auront le temps d'enregistrer le message.

Les cinq premières heures de votre journée seront consacrées à boire. Vous boirez par 1/4 l, et environ toutes les demi-heures, dans un ordre indifférent mais tout doit être bu :

- 1,5 l d'eau plate ;
- 2 pamplemousses pressés (ne pas les presser à l'avance) ;
- 1 cacao

soit 1/4 l de lait écrémé + 1cuillerée à café de cacao pur + 1 cuillerée à café de miel (délayer le cacao avec un peu de lait froid et le miel avant d'ajouter le lait chaud).

- 1/2 l de bouillon, rebouilli pour éviter les fermentations.

Prenez votre temps : même les aliments liquides doivent être mâchés, savourés.

- ***Dans l'après-midi*** : 1 yaourt au miel et, une ou deux heures plus tard, un hydromel (recette p. 105).

- ***Au dîner*** : 200 g de poisson (tous les poissons, sauf le haddock et les conserves), de préférence en papillote, à la vapeur ou au four. Avec un bol de légumes du bouillon, assaisonnés d'une vinaigrette. Toujours sans sel.

- ***Au coucher*** : 1 yaourt au miel.

Durant ces deux jours, ne prenez rien de plus, mais rien de moins non plus.

■ *Troisième jour*

Il sera sage, calme, pour ne pas compromettre le travail accompli. L'organisme rénové réclame un peu de douceur.

- ***Petit déjeuner*** : 1/2 l d'eau au réveil.

  1 pamplemousse pressé, quinze minutes avant le cacao au miel, ou plus tard dans la matinée.

- ***Dans la matinée*** : 1 l d'eau, de préférence réparti, mais pas plus de 1/2 l à la fois.

- ***Déjeuner*** : un repas lacté, c'est-à-dire 250 g de fromage blanc à 0 % de matières grasses mélangés à un yaourt entier avec du miel (voir les différentes manières de l'accommoder dans le tableau ci-dessous).

LE REPAS LACTÉ

Sur la base de 250 g de fromage blanc à 0% de matières grasses mélangés à un yaourt entier, il y a une multitude de façons d'accommoder un repas lacté :

Repas lacté sucré :
– 2 cuil. à café maximum de miel + 1 cuil. à café de cacao ou de poudre de café ;
– 2 cuil. à soupe de raisins secs (à laisser gonfler une heure dans le fromage blanc) ou 4 gros pruneaux ou 5 gros abricots secs (qui ont besoin de gonfler plusieurs heures) ou 2 cuil. à café de confiture ;
– des fruits cuits, avec un peu de cannelle ou de vanille (en gousse ou en poudre), une pomme ou une poire cuite, par exemple, ou une poignée de cerises cuites (à part les fruits rouges, il est préférable de faire cuire tous les fruits, même très peu) ;
– 125 g de fruits rouges (fraises, framboises) + 2 cuil. à café maximum de miel.

Repas lacté salé :
– avec des herbes (persil, estragon...) ;
– avec des légumes (concombre, radis, oignons nouveaux) et un assaisonnement (sel et poivre).

Ne pas oublier de manger ensuite un élément sucré, de préférence 2 cuil. à café de miel ou de confiture, ou 4 ou 5 fruits secs, ou 1 fruit cuit.
Ou bien prendre d'abord le fromage blanc salé, puis le yaourt sucré pour avoir un dessert.

Ce repas lacté est pratique – il est vite préparé – et valable en toute saison. Il permet de se sustenter puis de se détendre dans le court laps de temps que laisse la coupure de midi. En

hiver, cela peut paraître bien froid. Pour vous réchauffer prenez au plus tard dix minutes avant le repas lacté une boisson chaude (thé, infusion, bouillon), ou bien un peu après. **Boire chaud apporte deux heures de calories thermiques.**
Il représente l'équivalent d'un repas complet, avec viande (protéines), fromage (calcium), et dessert (glucides), sans les inconvénients d'une digestion compliquée. Il recèle, sous une forme hautement concentrée et rapidement assimilable, une très grande richesse énergétique, grâce au miel, ainsi que du calcium, des vitamines et des sels minéraux. De quoi avoir la forme, marcher, faire du sport, jouer ou chanter une soirée sur scène, travailler un après-midi entier. Je préfère ce repas à toute préparation pharmaceutique, même lactée. Et, par philosophie, je prône des aliments identifiables.
Pendant la cure de dix jours, on gardera le fromage blanc à 0 %, mais le yaourt sera de préférence entier : le ferment ajouté le rendant parfaitement digeste et fixant mieux le calcium.
Je conseille fortement un repas lacté après chaque écart sévère. Il régule, rééquilibre l'organisme et autorise un repas plus collectif ou social, moins contrôlé, au restaurant ou chez des amis. C'est un filet de sécurité dont on a ressenti l'efficacité pendant la « cure ». Il ne faut pas qu'il devienne une pénitence ou l'équivalent d'un médicament réparateur. Quand on a appris à s'écouter, que les kilos revendicateurs sont partis, que l'estomac ne se laisse plus distendre, on peut, en fonction d'une agréable opportunité, d'un besoin ponctuel de l'organisme (climat ou effort inhabituel), l'oublier et le remplacer par un repas différent.

- ***À 15 heures*** : une compote (environ le contenu d'un petit bol chinois, soit la valeur de 2 pommes moyennes) ou 1 fruit sec (abricot ou pruneau) renouvelé toutes les heures, longuement gardé en bouche, jusqu'à l'hydromel.

- ***Entre 17 heures et 19 heures*** : un hydromel (recette p. 105).

- ***Au dîner*** : 200 g de viande blanche ou de poisson, accompagnés de 300 g de légumes cuits (ne pas oublier les 2 cuil. à soupe d'huile).

La cuisson des légumes
Ils peuvent être cuits à l'eau, bien sûr, mais aussi à l'étouffée ou à la vapeur, ce qui conserve mieux les principes aromatiques et nutritifs. Si l'on utilise un autocuiseur, à condition de respecter les temps de cuisson, ni la saveur ni la valeur des

aliments ne sont altérées. Les vitamines sont mieux préservées : elles résistent mieux à une température élevée pendant un temps court qu'à une température plus basse pendant une longue durée.

- ***Au coucher*** : un yaourt au miel.

Résultats de cette diète

À l'annonce de tout ce programme, certaines personnes s'étonnent. D'autres expriment un rejet ou un refus. D'autres encore sont inquiètes de se sevrer de leurs habitudes. « Mais que faites-vous du plaisir ? », m'ont demandé ainsi certains « accros » au tabac, aux gâteaux ou autres aliments. Je pense alors souvent à la phrase de Montaigne : « La maladie la plus sauvage est l'ignorance de son être. »

Au bout de ces deux jours d'élimination, beaucoup sont surpris. L'échange de leurs « plaisirs » pour un autre plaisir les étonne et le bien-être obtenu les convainc de la nécessité d'un autre mode de vie. Ils ont retrouvé la conscience du plaisir de leurs papilles gustatives. Les sens bien entretenus garantissent l'écoute, la subtilité, une moisson de plaisirs. Ils se sont réconciliés avec des aliments simples mais pleins de goût, qu'ils avaient oubliés depuis longtemps. J'entends souvent : « Qu'il est agréable de boire de l'eau ! » ou « Qu'il est agréable de boire du chocolat avec du miel ! » Ils se sont rapprochés de leur corps, lui aussi oublié ou méconnu, ou qu'ils ne sentaient que lorsqu'il était inconfortable et douloureux. Il faut avoir vu le bonheur de ceux qui retrouvent l'usage de leurs fonctions après en avoir été privés par accident ou à la suite d'une maladie, pour avoir envie de se dire chaque matin : « Je vois, j'entends, je marche, je suis libre. »

Si ces premiers jours ont été bien accomplis, les bienfaits sont sensibles et ont apporté un début de solution au problème. Les œdèmes des jambes, dus à la rétention d'eau, très fréquents chez les femmes, ont diminué ou se sont résorbés. Ceux qui sont venus pour maigrir constatent la disparition d'au moins 2 kilos et de plusieurs centimètres sur le ventre et les cuisses. Parfois plus sur l'estomac, si celui-ci était particulièrement dilaté, ce qui est généralement le cas. L'estomac, ce pauvre estomac, a commencé à reprendre sa place. Durant ces quarante-huit heures, non seulement tous les nutriments étaient là, mais ils ont été absorbés par petites quantités très espacées. L'estomac n'a été ni brutalisé ni oublié. Il n'est jamais resté vide, mais pas dilaté non plus. Il a oublié ses revendications pressantes. On a bu et mangé régulièrement, on a mâché. En étant attentif les jours suivants à bien mâcher et à ne prendre que 500 cm^3 de nourriture par repas – l'équivalent de deux bols chinois –, très vite, l'estomac respectera les rythmes naturels. C'est ainsi que l'on rééduque un estomac tyrannique et que l'on sort de table léger, conscient d'avoir nourri l'ensemble du corps, et non lourd, endormi et douloureux.

Cette diète de deux jours est valable pour tout le monde, pour les sportifs de haut niveau, les personnes surmenées en quête de calme et de sérénité, les trop maigres, les un peu forts, les trop forts, les gourmands invétérés las d'excès, les accros au tabac, au café ou à l'alcool. Le but n'est pas seulement de perdre des kilos et des centimètres. Cette diète est une parenthèse pour l'organisme, un peu trop sollicité dans la vie quotidienne, et asphyxié par les excès.

Certains seront peut-être tentés de la prolonger plusieurs jours afin d'en tirer plus de bénéfices encore. Faire du zèle, précipiter les événements ne sert à rien. Cette diète fait gagner beaucoup de temps sur la récupération des fonctions et sur l'allègement, mais fait partie d'un ensemble. Il est logique de perdre beaucoup pendant cette étape puisqu'on donne au corps la possibilité de se débarrasser d'une multitude d'indésirables accumulés. Le corps est très heureux de son nouveau mode d'emploi, mais tous les organes concernés par cette merveilleuse journée ont besoin d'assimiler et de gérer la nouvelle donne. Il faut leur laisser le temps. La tête, très longtemps habituée à un certain nombre de kilos, a elle aussi besoin de temps pour enregistrer la nouvelle situation. Si vraiment il y a nécessité, pour une raison exceptionnelle, d'aller vite, *il faut, en tout cas, quatre jours au minimum entre chaque période d'élimination.* La stimulation doit être enregistrée, le corps a besoin de retrouver le nouvel espace qu'on lui a donné. Faire plus n'est pas dangereux, tous les éléments donnés sont utiles et souhaitables pour l'organisme. Le seul risque est une grande déception. Même si l'on restait allongé plusieurs jours de suite, on ne perdrait que ce dont le corps veut bien se débarrasser.

Ces périodes d'élimination sont valables à vie. Elles deviennent d'ailleurs coutumières. Leur fréquence varie en fonction de la vie qu'on mène, d'une plus ou moins grande sédentarité, de tout ce qui empêche une hygiène alimentaire permanente. Je connais des P-DG qui, las des petits déjeuners, déjeuners et dîners d'affaires accumulés pendant la semaine, « font le ménage » chaque week-end. **Un rythme d'une fois toutes les quatre ou six semaines** me paraît bon pour une personne en forme, parvenue à son poids et à un régime de croisière, mais qui veut se désintoxiquer ou perdre le peu de poids superflu accumulé par quelques excès. Les personnes se réjouissent généralement de cette journée privilégiée où elles se retrouvent et collent au plus près d'elles-mêmes. Elles y pensent à l'avance, font des projets, comme avant des vacances : se reposer, écouter de la musique, lire. Quant au bouillon et ses légumes, vous pouvez en prendre un soir par semaine, en cas d'agapes successives ou simplement pour vous sentir bien.

Cette diète remet les pendules à l'heure, influe de façon bénéfique sur les fonctions du corps, que l'on avait étouffées, ignorées ou assourdies.

> Une anorexique était venue me voir après avoir lu, dans un journal, que ma méthode permettait de maigrir rapidement de 3 à 4 kilos, tout en proposant les aliments que les nombreux spécialistes consultés lui conseillaient de prendre mais qu'elle se gardait bien d'avaler. L'article en question associait en revanche ces mêmes aliments au mot « maigrir », et l'on sait bien que grossir n'est pas le souhait des anorexiques, hélas ! Quelque temps après avoir fait la cure, elle m'a annoncé par téléphone qu'elle n'avait pas perdu un gramme – elle n'en n'avait plus à perdre avec ses 28 kilos ! – mais que ses règles, disparues depuis dix ans, étaient revenues. Cela est significatif du rôle essentiel de l'alimentation sur les fonctions organiques. Mal nourries, elles s'éteignent.

■ *Du quatrième au huitième jour*

La vie a repris son cours, avec ses habitudes et ses impératifs.

Remettre un organisme en état nécessite de pallier les habitudes anciennes, donc forcément de modifier sa vie. Il y a de quoi être effrayé ! Les découvertes et les changements intervenus sur la balance et dans le corps nous bouleversent également, dans le bon sens du terme. Mais l'instrument est désormais réaccordé. Le but des jours suivants est d'en jouer en évitant les couacs et la cacophonie. Pour cela, il faut continuer à fournir à l'organisme des éléments nécessaires mais faciles à digérer. L'hypothalamus continuera à enregistrer les nouvelles données et apportera de plus en plus d'informations satisfaisantes.

Chaque jour, vous alternerez :

– **un repas lacté** ;

– **un repas « social »,** à base de protéines, de viande blanche ou de poisson, que vous consommerez avec 300 g de légumes cuits et 2 cuillerées à soupe d'huile d'olive. Au dessert, 1 fruit en compote ou 1 yaourt entier.

À vous de choisir si vous prenez le repas lacté au déjeuner ou au dîner. À midi, cela semble judicieux. On peut l'emporter partout et on se réserve le repas « social » pour le dîner, qu'on partage avec sa famille ou des amis. Le contraire serait idéal, car mieux vaut dîner léger le soir. Mais notre organisation sociale ne s'y prête guère. On peut toutefois manger une nourriture délicate, délicieuse et digeste au souper sans compromettre la qualité du sommeil.

■ *Huitième et neuvième jours*

Encore deux jours d'élimination. Le premier week-end d'élimination a déclenché un processus. Un deuxième week-end en tout point semblable au premier est nécessaire, pour affirmer et conforter les résultats.

■ *Dixième jour*

Comme le troisième jour, vous prendrez un repas lacté à midi.

L'étape des dix jours est terminée.

Vous voilà « démazouté ». N'ayant invité que des aliments amis, triés sur le volet, vous avez évacué les déchets qui vous encrassaient, vous encombraient, parce que votre organisme ne pouvait plus faire son travail. Du coup, vous éprouvez des sensations physiologiques confortables : vous vous sentez plus léger, plus mobile, plus détendu. Vous respirez mieux, du fait de votre estomac moins surchargé. Vos cellules ayant été nettoyées et réhydratées, votre teint est plus éclatant, votre peau plus belle. La diététique a ceci de merveilleux que beauté, minceur et énergie résultent de la même équation alimentaire. « Diététique » signifie manière de vivre. C'est un bonheur, depuis tant d'années, de voir la différence éclatante de la mine avant et après cette cure, surtout celle des nombreux comédiens et comédiennes qui l'ont pratiquée.

Au bout des dix jours, si vous aviez du poids à perdre, entre 3 et 5 kilos sont partis. Cela ne relève pas du miracle, ce n'est ni anormal ni brutal. Grâce aux aliments parfaitement sains qui stimulent les fonctions, vous avez éliminé vos toxines. Les muscles et la chair respirent. L'eau est à sa place, la circulation est favorisée.

Pour avoir reçu les enfants et petits-enfants de quelques-uns de ceux qui m'ont fait confiance, j'ai eu le bonheur de voir perpétuer le plaisir de bien vivre.

ERREURS À NE PAS COMMETTRE PENDANT LA CURE

– Ne supprimez aucun élément du régime, ils sont les maillons d'une chaîne à reconstruire.
– Ne sautez pas un repas et n'en reculez pas l'heure.
– N'attendez pas d'être en hypoglycémie : si vous avez un « petit creux », négociez en prenant un des éléments autorisés.

Peut-on continuer au-delà des dix jours ?

Si l'on a envie de continuer parce qu'on se sent formidablement tonique et bien avec cette alimentation, bien sûr, on le peut. Mais il ne faut pas se couper du social, le faire de manière trop rigide. On sent bien qu'on a changé d'habitudes, il suffit de suivre les principes de stabilisation. De nombreuses personnes gardent ce système un jour sur deux ou deux fois par semaine, ou font de temps en temps des journées avec un repas lacté, soit par plaisir, soit par commodité.

Cette cure de dix jours est-elle valable pour tout le monde ?

Oui. Pour les sédentaires comme pour les non-sédentaires. Tous les éléments nécessaires à l'organisme sont apportés quotidiennement. Mais il est vrai que, si l'on fait la journée d'élimination en conservant une activité normale au lieu d'être allongé, des inconforts peuvent survenir. Des adaptations sont nécessaires selon le mode de vie : une personne qui n'a pas une vie sédentaire mais des activités qui exigent une dépense physique plus importante dans la journée comme les sportifs de haut niveau, les chanteurs ou comédiens qui passent des heures sur scène, les adolescents qui ont une grande activité physique, intellectuelle, ou les deux à la fois, devra prendre plus de sucre dans l'après-midi que celle qui est derrière un bureau. Des petits rats de l'Opéra viennent me voir lorsqu'on leur reproche leur ligne. Le dernier à m'avoir consultée était menacé de renvoi en raison de quelques rondeurs. En réalité, il mangeait trop vite. Du coup, son estomac était un peu dilaté, ce qui le poussait à prendre une trop grande quantité de nourriture. Il s'est appliqué à manger plus calmement et a perdu trois à quatre kilos. Mais, pour cela, il a suivi l'un de mes principes de base : commencer les premières journées d'élimination par un jour de repos. Non pas qu'elles soient fatiguantes mais l'organisme effectue, ces jours-là, un gros travail. De plus, les résultats sont décevants si on ne reste pas au calme. Autre principe : en cas de petit creux ou de coup de fatigue physique ou intellectuelle, il faut augmenter la ration de sucre. Sous forme de fruits secs, par

PASSEPORT POUR LA FORME					
	matinée	**déjeuner**	**après-midi**	**dîner**	**coucher**
1er jour	• **avant de se lever** : 1/2 l d'eau • **au lever** : le jus d'1 agrume • **petit-déjeuner** : chocolat au lait et au miel • **dans la matinée** : 1 l d'eau	- 200 g de viande blanche **ou** 200 g de poisson **ou** 150 g de viande rouge - 300 g de légumes cuits (voir assaisonnement p. 104) **ou** 2 pommes de terre vapeur	• **2 h après le déjeuner** : 1 yaourt au miel ou 1 fruit bien mâché. • **17-18 h** : 1 hydromel	• **19-21 h** : 1/2 l de bouillon en 3 prises espacées de 10 mn, **puis** légumes en 3 prises espacées de 20 mn	1 yaourt au miel
2e jour rester allongé le plus possible	**boire, dans un ordre indifférent, par 1/4 de l, toutes les 1/2 h** : - 1,5 l d'eau - 1 bol de chocolat au lait et au miel - 2 pamplemousses - 1/2 l de bouillon		• **début d'après-midi** : 1 yaourt au miel • **1 ou 2 h plus tard** : 1 hydromel	- 200 g de poisson maigre - 300 g de légumes cuits sans sel	1 yaourt au miel
3e jour	voir la matinée du 1er jour	repas lacté (voir recette p. 109)	• **15 h** : 1 bol de compote **ou** 1 abricot sec **ou** 1 pruneau par heure jusqu'à l'hydromel • **17-19 h** : 1 hydromel	**soit** : - 200 g de viande blanche **ou** 200 g de volaille **ou** 200 g de poisson - 300 g de légumes cuits **soit** : repas lacté	1 yaourt au miel
4e au 7e jour	voir la matinée du 1er jour	**soit** : repas lacté **soit** : - 200 g de viande blanche **ou** 200 g de volaille **ou** 200 g de poisson - 300 g de légumes cuits	• **3 h après le déjeuner** : 1 fruit sec par heure jusqu'à 17 h • **17 h** : 1 hydromel	voir le dîner du 3e jour	1 yaourt au miel
8e et 9e jours	faire comme les 1er et 2e jours				
10e au 13e jour	ces trois jours resteront très sages ; on peut commencer à introduire certains aliments qui permettront de se trouver à nouveau en collectivité.				

exemple. C'est si commode... Cela étant, il faut savoir que le sevrage de produits aussi prégnants que le café, l'alcool, le sucre, le tabac... bouleverse l'organisme. Les premiers jours, vous pouvez donc avoir des réactions inconfortables, qui sont dues au sevrage et non au régime. Un temps d'adaptation est inévitable. Les sevrages (voir p. 128) peuvent entraîner de légers troubles : l'arrêt du café donne parfois une légère céphalée au début, celui de l'alcool, une baisse de sucre trop brutale qu'il faut pallier par la prise de sucre justement, fruits secs, compote ou fruit cru (si on les digère bien). L'important est de *ne jamais se retrouver en hypoglycémie*, il faut prendre quelque chose avant le coup de pompe. Ce que j'indique dans le « passeport pour la forme » correspond à une moyenne. Trop de rigidité nuit. Des adaptations sont évidemment nécessaires selon le mode de vie. C'est ce que je fais constamment avec ceux qui viennent me voir. Ces réserves mises à part, ce régime ne présente aucun danger, au contraire : il nettoie l'organisme et permet d'être au mieux de sa forme et de son tonus.

■ *Et le sel, quelle quantité prendre ?*

Après la période d'élimination, on peut rajouter du sel, mais en quantité raisonnable : le sel contenu dans les aliments suffit. L'excès de sel est mauvais pour tout le monde mais éviter le sel à tout prix, c'est se priver de certains aliments qui en contiennent et qui sont indispensables à l'organisme, le fromage par exemple.

Quand il fait chaud, il faut boire beaucoup et il ne faut pas supprimer le sel car il retient l'eau, donc évite la déshydratation. Depuis toujours, dans les pays chauds, où l'eau est rare, les hommes cherchent l'eau dans les aliments, notamment dans les légumes et les fruits. Et ils retiennent cette eau avec un peu de sel. Les grecs mangeaient les figues avec un peu de sel. Notre salade niçoise est un chef-d'œuvre de diététique, elle est merveilleusement adaptée aux besoins du corps et rapide à digérer. On la mange surtout en été, elle contient un féculent, un œuf, autant de légumes crus que de légumes cuits. Grâce aux olives et à l'anchois, l'organisme a sa dose de sel (voir aussi p. 144).

■ *Est-il vrai qu'on peut perdre du volume sans perdre de poids ? Pourquoi certains maigrissent-ils plus lentement que d'autres ?*

À l'évidence, il y a des réactions différentes par rapport à l'amaigrissement. Je reçois très souvent des personnes qui ont fait tous les régimes possibles avec des courbes de poids variables et surtout traumatisantes. Le cerveau a une mémoire et dès qu'on commence à changer un peu son régime, il se méfie des nouveaux éléments et peut mettre deux à trois jours avant de se rendre compte que ces éléments sont bons et d'accepter de changer à nouveau de métabolisme.

Autre point : *on ne perd pas au-delà de ce que l'on a à perdre.* L'eau, par exemple : puisque le corps garde ses manques en mémoire, il va commencer par emmagasiner les dettes avant d'accepter de perdre du poids. Ainsi, après des « bêtises » du genre diurétiques, il faut parfois attendre un jour ou deux pour commencer à maigrir. Le corps ne répond pas du jour au lendemain.

Après la première édition de ce livre, j'ai accepté de participer à une émission télévisée qui devait traiter des moyens possibles et « impossibles » pour retrouver la forme, les formes. La proposition était intéressante : des testeurs dont l'âge, le sexe et les activités différaient, suivaient ma cure de dix jours et les résultats étaient constatés par huissiers. Mais contrairement à ce qui était prévu, je n'ai pu expliquer la logique qui avait présidé à ces bons résultats, ni répondre aux questions. Je le fais donc ici.

Tous les testeurs ont dit leur satisfaction de leur poids, de leur teint et de leur forme. Un jeune et très rond artiste-artisan, qui voyageait beaucoup n'avait pas pu se reposer pendant ces dix jours mais il avait pratiqué le régime au mieux. Il était très satisfait de son dynamisme et de la perte de cinq crans de ceinture... sans perte de poids. L'hygiène et l'équilibre alimentaire l'avaient débarrassé d'un encombrement organique. Un beau jeune homme, « noceur » véritable catalogue de tous les excès, avait une analyse de sang lamentable. Pendant dix jours, il a cessé de se prendre pour une poubelle, a laissé travailler ses éboueurs. Il a perdu sept kilos et ressemblait à un adolescent angélique. Une jeune maman n'arrivait pas à perdre ses deux à trois kilos postnataux. Elle en était d'autant plus décontenancée qu'elle était, depuis toujours, initiée à la diététique. Elle a inconditionnellement suivi la cure et son métabolisme a retrouvé sa pointure. Sa façon presque idéale de se nourrir avant sa grossesse se trouvait désorientée par les kilos restants qui exigeaient leur dû. Sa fidélité à mes conseils lui a permis de ne pas entamer ses « bons kilos » et de réintégrer ses « jeans » de jeune fille.

LES CAS PARTICULIERS

Il existe de nombreux instruments de musique mais les sept notes sont les mêmes pour tous, et les bémols et les dièses conviennent mieux à certaines partitions qu'à d'autres. De même, il n'y a pas deux êtres identiques. Il existe un tronc commun mais chacun a son horloge physiologique, son métabolisme, son hérédité, ses fantasmes, sa singularité, ses goûts. Il faut connaître sa propre musique et ses propres nuances.

De plus, les raisons qui poussent à une rééducation alimentaire diffèrent. Du coup, même si la nourriture de base que je propose est identique pour tous, selon les cas je nuance, je réajuste. La diététique doit s'adapter à chaque organisme. La nourriture est une liberté, une spontanéité, mais surtout un instrument de vie.

Ma méthode n'est pas une recette magique mais plutôt un solfège que je m'efforce d'enseigner à chacun et que chacun adapte à son instrument pour retrouver bien-être, instinct, et l'intégrer dans l'orchestre avec les autres. Quelle satisfaction de réaccorder cet instrument qu'est l'être humain, de réapprendre la gamme à son possesseur, pour qu'ensuite, une fois remis en état, il puisse faire toutes les variations !

Comment boire sans éliminer trop souvent ?

Quand on ne boit pas, la vessie se rétracte, et si on se remet à boire, elle doit être vidée fréquemment. À ceux qui, peu habitués à boire, redoutent de devoir soulager leur vessie plus souvent, je conseille de répartir l'absorption d'eau de manière à ne pas être gêné. Ils peuvent privilégier l'eau du matin, elle circule plus aisément. Celle du réveil est évacuée une demi-heure environ après absorption. Ils peuvent boire encore, mais jamais plus de 1/2 l à la fois, quand ils savent qu'ils auront le loisir de se soulager quelques moments après, et, enfin, ils boiront avant le repas de midi. Au bout de peu de temps, l'eau s'impose gentiment. La vessie retrouve son volume normal, le besoin d'uriner moins fréquent. Ils pourront ne se soulager éventuellement qu'une fois dans la matinée, mais plus abondamment. La vessie peut contenir, sans souffrance, environ 800 cm^3 de liquide.

Que faire en cas de constipation ?

Il arrive qu'un ralentissement du transit intestinal survienne malgré l'eau, le miel et les légumes, autant d'éléments qui favorisent pourtant un bon fonctionnement de l'intestin.

Ce ralentissement n'a pas grande importance, les premiers jours de la cure, dans la mesure où les aliments ingérés contiennent très peu de résidus. Néanmoins, pour favoriser le cheminement des aliments vers leur destination naturelle, je propose un « remède de bonne femme » particulièrement efficace : le mucilage de pruneau. Vous laissez deux pruneaux nager toute une nuit dans un verre d'eau, et le lendemain matin, au réveil, à jeun, vous buvez l'eau et vous mangez les pruneaux. Grâce à ce mucilage, votre intestin retrouvera peu à peu une activité harmonieuse.

Le pruneau est le remède numéro un. Pour bien des gens, il fait partie des habitudes quotidiennes. Généralement, un ou deux par jour assurent un bon transit. Six pruneaux par jour pendant la période de cure ne représentent pas un excès ; mais pas plus de deux à la fois.

N'oubliez surtout pas l'huile. D'aucuns la bannissent de leur alimentation, persuadés qu'elle fait grossir. Or, l'huile est indispensable à un bon transit (bien souvent, il n'y aurait pas de constipation si la quantité prévue au programme de l'élimination était respectée), à une bonne santé et à la beauté. Pendant la cure, je vous recommande les lipides végétaux (huile d'olive, margarine de bonne qualité) qui, en plus des lipides indispensables, contiennent des sels minéraux et des oligo-éléments originels.

Votre constipation sera plus difficile à soigner si vous utilisez des laxatifs depuis longtemps. Au cas où les nouveaux principes alimentaires et le mucilage, plusieurs jours de suite, ne font pas d'effet, vous pouvez avoir recours à un suppositoire de glycérine. Il permettra d'évacuer le bouchon fécal bloqué dans la dernière partie de l'intestin (le gros intestin, ou côlon), là où les déchets s'accumulent. La voie sera alors libre en amont.

Certaines personnes, heureusement fort rares, souffrent d'une anomalie congénitale : un dolichocôlon (un côlon trop long) ou un mégacôlon (un côlon trop gros). Les autres organes concernés par la digestion ne parviennent pas toujours à compenser et à fournir à l'intestin les sécrétions indispensables à l'évacuation des matières fécales. Il leur faut veiller avec plus de rigueur encore à l'alimentation, qui doit comporter tout ce qui favorise le péristaltisme (les contractions de l'intestin) : légumes cuits, riz complet, pain, céréales complètes. Des légumes accompagneront toujours les féculents car ils favorisent la digestion. Le fameux pruneau est le bienvenu. Pas de son pur : trop brutal, il traumatise l'intestin.

Personnellement, je suis opposée à tout médicament censé lutter contre la constipation. Le laxatif, trop brutal, irrite l'intestin grêle, déjà très fragile. En outre, il empêche le sang de remplir sa mission, qui est de venir puiser, dans cette partie de l'intestin, les éléments indispensables à l'organisme. Le laxatif précipite cette mission et prive l'organisme du contenu des aliments ingérés. Et la faim se manifeste plus vite.

Pris en abondance et longtemps, les laxatifs risquent de fragiliser l'intestin au point de déclencher des maladies plus graves.

■ *Que faire en cas de ballonnements et de flatulences ?*

Il arrive que des ballonnements surviennent les premiers jours de la cure. C'est là une réaction possible à une remise en route des transits de fermentation, ou au réveil d'un intestin inaccoutumé à certains éléments nouveaux de la cure, comme les laitages et les légumes. Cet inconfort cessera au bout de quelques jours lorsque les enzymes digestifs sollicités retrouvent leur rôle. Le cheminement de la chaîne digestive sera respecté et chaque organe reprendra ses fonctions, ne serait-ce que par le fait de mâcher préalablement.

Les légumes du bouillon stimulent les glandes digestives, donc le transit. Mais les poireaux peuvent donner des ballonnements car ils sollicitent directement les fonctions de la vésicule. En ce cas, diminuez la quantité de poireaux. Le remède est le même si ces ballonnements se traduisent par une évacuation de gaz (souvent nauséabonds) dus à un fonctionnement un peu intempestif du foie.

POUR AVOIR UN BON FONCTIONNEMENT DIGESTIF

Quelle que soit l'origine des troubles, pour retrouver un côlon sans histoires, il faut :
- manger lentement en mâchant bien, au calme ;
- faire des repas réguliers dans la détente ;
- varier les légumes et les fruits cuits ;
- ne pas boire d'eau glacée ni d'eau gazeuse ;
- réchauffer les glaces dans la bouche ;
- équilibrer les fibres (pas de son pur) ;
- se relaxer quelques minutes après les repas ;
- exercer ses abdominaux en rentrant le ventre en respirant ;
- éviter le refroidissement du ventre.

■ *Certains affirment avoir des aigreurs d'estomac, notamment après les citrons pressés et les pamplemousses*

Les aliments que je propose sont simples, sains et ne provoquent aucune incompatibilité pathologique.

Les aigreurs d'estomac ont essentiellement deux causes : les aliments qui irritent les muqueuses de l'œsophage et de l'estomac (comme le café), et une ingestion trop rapide. Je ne le répéterai jamais assez : il faut mâcher ! La digestion commence dans la bouche. Toute information buccale est transmise au cerveau qui prépare l'organisme à la venue des aliments. Si vous mangez lentement, la sensation d'aigreur doit disparaître.

Sachez que tout liquide, même l'eau, avalé brutalement, fait « mal à l'estomac », que tous les aliments, même les meilleurs, avalés trop rapidement, abîment cet organe. Insuffisamment malaxés, ils y stagnent trop longtemps. Pour effectuer le travail qui n'a pas été fait en amont, l'estomac devra produire plus d'acide chlorhydrique qu'il n'en faut. Cet acide est une sécrétion normale. Mais une trop grande quantité provoque ces fameuses aigreurs, qui ne sont, en fait, qu'une inflammation de la muqueuse de l'estomac, ou gastrite, due à un séjour trop long des aliments dans l'estomac et à leur fermentation. L'irritation se communique à l'intestin.

Pendant les dix jours de cure, je vous recommande aussi de répartir, durant la journée, les quantités prescrites. Un estomac dilaté qui est au départ trop longtemps vide provoque une hypersécrétion d'acide chlorhydrique. Là encore, il y aura fermentation. L'estomac ne peut faire face ni à un trop plein d'acide ni à un manque d'acide. Une seule solution : les aliments doivent arriver dans l'estomac, prédigérés par la bouche et l'œsophage.

De plus, cette acidité provoque une fausse faim. Il se peut alors que vous vous précipitiez instinctivement sur les aliments qui contiennent de l'amidon (pain, pâtes, riz...) pour tenter de calmer cette faim et les aigreurs, ou sur un médicament, gel ou pansement, censés soulager les douleurs d'estomac. Las ! En cas d'hypersécrétion, le médicament apaise un temps mais ne règle rien. En cas d'hyposécrétion, il dessèchera de plus en plus le peu d'acidité indispensable à la sécrétion.

Il se peut aussi que vous éliminiez tout acide, comme le citron et le pamplemousse, persuadé que les agrumes ne font qu'empirer les choses. Je vous conseille plutôt « d'annoncer » à votre organisme la venue du citron, en le buvant lentement, afin qu'il arrive tout doucement sur l'estomac. Ou bien de le prendre en assaisonnement ou de le mélanger aux aliments (poissons, par exemple), mais juste au moment de le consommer afin que les vitamines soient toujours présentes. Même chose pour le pamplemousse : dégustez-le pour neutraliser l'acidité dans la bouche et buvez-le doucement. Mieux vaut, pour soulager son estomac, adopter certaines règles diététiques que supprimer, au fur et à mesure de son existence, des éléments indispensables à la forme et à la santé.

On ne peut bien vivre sans vitamine C, j'en suis persuadée. Sans elle, c'est la fatigue assurée. Personnellement, je ne crois qu'à la vitamine C des agrumes, parce que leur peau, très imperméable, leur permet de conserver les vitamines. D'autres végétaux sont riches en vitamine C, mais s'ils ont été cueillis depuis plusieurs jours ou s'ils ont été cuits, les vitamines auront disparu.

La cure de dix jours rééduque l'estomac et améliore le fonctionnement de tous les organes digestifs. Seule, une maladie digestive génétique, une fragilité à la naissance ou un estomac trop abîmé empêchent la disparition des symptômes douloureux ou désagréables. Pourtant, passée cette cure, je prescris tous les aliments, je dis bien, tous, à tout le monde, même à ceux qui ont des problèmes d'estomac, même à ceux qui ont eu un estomac opéré. À une condition : bien mâcher. Je prétends qu'à partir du moment où on mâche correctement, on digère tout.

■ *Si on ne supporte pas l'eau, le matin à jeun*

Certains disent que l'eau le matin à jeun leur donne des nausées ou des brûlures d'estomac. C'est fort possible si votre estomac est rempli d'acidité due à de mauvaises habitudes alimentaires. Dans ce cas, vous avez plutôt envie d'un grand morceau de pain qui va faire office de buvard : l'amidon éponge l'acidité. C'est possible aussi, surtout en début de cure, si vous buvez l'eau à toute allure ou si elle est froide. Le matin, l'organisme est à sa température de 37°. L'eau froide le contracte, l'agresse, tout particulièrement, les muqueuses de l'estomac et de l'œsophage.

Votre organisme va s'adapter peu à peu et les nausées disparaîtront : de nouvelles habitudes alimentaires entraînent automatiquement de nouvelles réactions. Essayez, malgré tout, de boire un litre et demi d'eau dans la journée. Si vous ne buvez pas assez, le corps pompe l'eau des aliments, mais en quantité insuffisante pour irriguer et hydrater correctement les organes.

■ *Que faire si on déteste le lait ?*

Deux personnes sur trois me disent détester le lait. Il y a là souvent un problème psychologique.

Le lait est le premier élément de la vie, la nourriture de base et la mieux acceptée par l'être humain quand il cesse d'être nourri par sa mère. Non seulement c'est un liquide, mais il contient beaucoup de protéines et de calcium. Le lait a toujours été un contrepoison et un moyen de soigner les organes digestifs. Je fais de nouveau référence au professeur Trémolières qui, en cas de crise d'ulcères d'estomac, prescrivait un litre et demi de lait par jour.

Certes, il y a toujours eu des incompatibilités avec le lait maternel, et le lait maternisé n'est pas encore un franc succès. Néanmoins, le lait de vache est parfaitement digeste, depuis qu'on sait le dégraisser. Je n'ai jamais rencontré d'incompatibilité avec le lait écrémé. Et mes patients « récalcitrants », auprès desquels j'ai insisté pour qu'ils en boivent, s'y sont généralement habitués. Cependant, s'il y a rejet psychologique et appréhension, en désespoir de cause, je remplace le lait par un autre laitage. Le yaourt, par exemple, et, passée la cure des dix jours, le fromage…

S'il y a refus de tous les laitages, il faut adopter d'autres principes diététiques que les miens. C'est là, la seule et unique contre-indication à mes principes alimentaires. Ma méthode prescrit des éléments connus depuis toujours et qui permettent à l'organisme de fonctionner le mieux possible, le plus longtemps possible. D'autres propositions conviendront peut-être mieux à d'autres personnes. Mais je reste persuadée qu'on ne peut se passer de laitages. Ils favorisent la croissance des enfants, évitent la décalcification, calment (le calcium apaise les décharges d'adrénaline). Les végétaliens, qui ne consomment aucun produit animalier, remplacent le lait par des amandes. Les amandes, c'est un élément excellent, mais il en faut une quantité importante pour compenser l'absence de lait, et elles irritent l'estomac si elles ne sont pas réduites à l'état de bouillie.

■ *Par rapport au cycle menstruel féminin, y a-t-il une période plus favorable pour commencer la rééducation alimentaire ?*

Non, si vous ne souffrez pas d'un syndrôme prémenstruel important. Vous serez vraiment à l'écoute de vous-même et vous verrez les bienfaits de la cure. En revanche, si la période des règles vous affecte, vous avez le choix entre attendre la fin des règles, parce qu'il vous semble difficile de modifier vos habitudes à ce moment-là, ou vous lancer malgré tout.

Si vous optez pour cette dernière solution, vous vous apercevrez que l'hygiène alimentaire allège, parfois même supprime, les inconvénients prémenstruels (voir aussi p. 144). Congestion entraîne automatiquement rétention d'eau. Or, la cure prescrit de moins saler – la rétention d'eau est donc moindre –, de boire beaucoup d'eau – ce qui accroît le drainage –, et, éventuellement, de prendre un pamplemousse de plus : le potassium favorise la circulation de l'eau. Cela diminue la rétention, et, du même coup, les ballonnements et les œdèmes (gonflements). En fait, pris régulièrement, le pamplemousse contribue à l'équilibre hormonal, car il agit sur les œstrogènes.

■ *Et pour les hommes, y a-t-il un aménagement particulier ?*

Aucun. Les hommes, contrairement à ce qui se dit, ne doivent pas manger plus que les femmes. Les femmes ont souvent une double journée. Ce qui leur convient, convient donc aux hommes.

Les deux premiers jours d'élimination, ils se reposent, il n'y a donc pas de demande au niveau de l'énergie. Les changements interviennent après la cure. La plupart des hommes sont en effet plus gros et plus grands que les femmes. Et comme la faim et la satiété sont fonction des kilos à nourrir et de l'ampleur de l'estomac, ils mangent davantage. Un homme d'un mètre quatre-vingt-dix, pesant quatre-vingts kilos, a plus de besoins qu'une femme fluette. Quoi qu'il en soit, pour les hommes comme pour les femmes, après les dix jours de cure, les proportions étant devenues plus instinctives, les messages de la faim et de la satiété sont mieux interprétés.

LES DÉSINTOXICATIONS

■ *Désintoxication du café*

Je propose aux buveurs invétérés de café de remplacer chaque tasse par un hydromel (recette p. 105) : ce breuvage sucré est doublement énergétique grâce au miel et au citron. C'est une espèce de sérum de jouvence. Si ceux qui travaillent la nuit, à coups de café, buvaient plutôt un hydromel toutes les trois heures, ils seraient efficaces le temps nécessaire puis s'endormiraient sans problème. C'est avec le citron pressé que mes protégés, chanteurs et comédiens, tiennent sur scène pendant des heures. Ils en boivent un entre chaque acte. En outre, c'est excellent pour la voix.

Il arrive que ceux qui cessent de se « shooter » au café aient l'impression pendant quelques jours de ne pas être « à la hauteur ». En fait, ils quittent l'agitation et ressentent les événements plus calmement. Ils sont désorientés un temps mais apprécient très vite les gestes plus précis qui remplacent l'agitation.

■ *Désintoxication du tabac*

Je propose aux fumeurs deux journées sans cigarette. Eux aussi remplaceront cet élément oral par d'autres qui leur procureront une autre forme de bien-être. J'insiste sur la nécessité de boire de l'eau pour éliminer un maximum de toxines, de nicotine et autres, sur les laitages et les agrumes pour renouveler le stock de calcium et de vitamine C vampirisé par le tabac. Cette journée suffit parfois à les désaliéner de la nicotine. Elle leur permet aussi de voir si c'est le moment ou non, pour eux, d'arrêter de fumer, s'ils sont prêts à fournir cet effort. S'ils y parviennent, ils préservent leur réserve de calcium. Comme celui-ci cuirasse et apaise le corps, ils ne perdent plus d'énergie inutile et se portent mieux. Ils gagnent ainsi du temps. Un fumeur a besoin de deux heures de sommeil de plus qu'un non-fumeur. Il s'écroule peut-être dans son lit mais, comme ses muscles sont pleins de nicotine, les deux premières heures de sommeil sont mauvaises. Le vrai sommeil réparateur ne s'obtient, en effet, qu'après les deux premières heures sans cigarette. Les deux heures de mauvais sommeil se reportent sur le matin. L'arrêt du tabac permet de disposer de ses journées, plus tôt et mieux.

La plupart des fumeurs garderont peut-être toute leur vie l'envie de fumer. Le tabac leur a si longtemps tenu compagnie ! Mais ils se réjouissent de s'être débarrassés de cette aliénation, de ce compagnon indésirable et de découvrir des sensations oubliées : une meilleure respiration, une plus grande agilité, une certaine tranquillité. Ils repartent d'un pied nouveau et je constate qu'ils font généralement autre chose de leur vie. Beaucoup se lancent dans de nouvelles activités : danse, natation, grandes promenades, chant... Souvent, ces activités deviennent vite nécessaires, bienheureuses. L'organisme fabrique alors, de nouveau, des endorphines, ces hormones qui affluent chaque fois que le corps et la tête participent, s'impliquent tous deux et se font plaisir.

Désintoxication de l'alcool

Il faut une dizaine de jours au minimum, sans alcool du tout, pour s'en désaliéner. Pour pallier son effet de sucre rapide et enivrant, on va remplacer le manque de sucre par l'énergie du citron et du miel, et l'ivresse par la joie d'être capable de prendre du recul et de la hauteur. On remplace donc tout verre d'alcool par un hydromel. Ce remède, je le sais, peut sembler étrange et naïf, il fait pourtant des miracles. Beaucoup s'étonnent de l'énergie retrouvée, de ne plus s'écrouler dans un fauteuil, d'avoir envie d'agir, d'entreprendre. Ils n'anéantissent plus leur énergie, ils l'utilisent pour eux et avec les autres.

Certains cessent définitivement de boire. Ils en perdent l'envie. D'autres la gardent mais savent la contrôler. Ils sont moins dépendants, plus calmes face à ce besoin.

Sevrage des somnifères et tranquillisants

Déjà, je distingue un usage temporaire, dans un moment particulier – par exemple une période de décalage horaire –, de la nécessité d'une vraie désintoxication. Dans le premier cas, je recommande des infusions toutes simples, tilleul ou fleur d'oranger. Cela peut faire sourire. C'est pourtant efficace. Dans le deuxième cas, même remède, mais je conseille, en plus, un verre de lait écrémé le soir si la journée a été stressante, afin de neutraliser l'adrénaline. Si vous vous réveillez en pleine nuit, inutile de vous tourner et vous retourner dans votre lit. Levez-vous et allez déguster un laitage, yaourt ou fromage blanc. Lisez quelques pages, écrivez quelques lignes, détendez-vous. Demain est un autre jour.

Quand on supprime les excitants, les informations personnelles et extérieures arrivent à l'état brut. On ne peut plus camoufler. On vit, de nouveau, la réalité de la vie. On est davantage maître des informations qu'on reçoit. On se retrouve dans un rythme proche de ses capacités et, fatalement, avec un petit ralentissement. On est alors agréablement surpris de constater qu'on est aussi efficace en faisant un geste qu'en en faisant quatre. Un nouvel équilibre s'opère grâce à la nouvelle alimentation.

Certains, je l'ai constaté, ont alors refusé de continuer à subir et ont modifié leurs habitudes, parfois même leur existence entière.

Les somnifères servent d'œillères et de bouchons d'oreilles. L'arrêt brutal rend la réalité d'autant plus difficile à supporter. Il faut alors accepter d'être réveillé la nuit par la précipitation des messages personnels, longtemps contenus par les somnifères. Quand ces informations sont reçues sous forme de cauchemars, il faudrait pouvoir, en se réveillant, les écrire pour les exorciser.

Trop de nos contemporains fonctionnent en consommant excitants et somnifères. Pauvre monture traitée à coups de fouet pour avancer, et de gourdin pour dormir !

S'IL RESTE DES KILOS

Si, après ces dix jours, il vous reste des kilos à perdre, vous procéderez par *petites étapes de sagesse*, par des *diètes régulières*. Vous maigrirez chaque fois un peu. Le corps s'en réjouira, mais pour que le métabolisme et le cerveau enregistrent votre nouveau poids, les deux ou trois jours suivants, vous vous alimenterez sagement, comme pendant la cure des dix jours. Vous perdrez ainsi, chaque fois, 2 à 3 kilos. Vous reviendrez ensuite dans le circuit normal, vous serez plus social, plus convivial, tout en restant très attentif, en respectant les principes de stabilisation que j'indique plus loin. Vous agirez ainsi jusqu'au moment où vous atteindrez le poids qui vous convient et vous permet, à 1 ou 2 kilos près, de manger de tout, sans être astreint en permanence à des privations excessives.

CHAPITRE

7

ET APRÈS?

Il m'arrive de dire lors d'un premier entretien : « Dans dix jours, vous mangerez comme vous voulez. » Mais les dix jours écoulés, vos désirs ont évolué. Maintenant que vous avez perdu du poids, que votre organisme fonctionne à nouveau correctement, que vous digérez mieux, que vous êtes en pleine forme, que vous utilisez mieux votre énergie, que vous vous savez désormais capable d'adopter de nouvelles habitudes, vous n'avez plus envie de « manger comme avant ».

Vous avez ouvert en vous-même de nouveaux espaces jusque-là inexplorés. Vous-même, vous avez osé sortir du placard où vous vous cachiez. Vous avez enfin réussi à ouvrir les portes de vos possibilités, de votre propre intérieur. Vous avez conquis un contenant insoupçonné. C'est merveilleux pour vous, mais merveilleux aussi pour ceux que vous acceptez dans cet espace libéré.

Vous savez que vous pouvez, de nouveau, manger de tout. Mais vos besoins ont changé. Votre estomac a retrouvé, ou presque, sa dimension normale, il est moins exigeant. Vous vous souvenez de la satisfaction qu'il vous procurait, une fois rempli, mais aussi du malaise qui en découlait. Une fois cet organe rééduqué, vous vous rendez compte avec plaisir que vous vous attablez sans voracité et que vous vous satisfaites avec moins. Vous refusez désormais de sortir de table tyrannisé par votre estomac.

Pendant dix jours, vous vous êtes exploré, réidentifié, réuni, contrôlé. Pendant dix jours, votre organisme n'a subi aucune agression. Vous l'avez entouré, chouchouté. Le voilà reconstitué, en bon état de marche. Votre moteur a désormais tous les éléments pour redémarrer sur de nouvelles données alimentaires. Vous avez désormais une nouvelle vision de l'hygiène alimentaire. Vous savez mâcher, vos papilles répondent à nouveau, votre sensibilité et votre écoute sont aiguisées. Vous distinguez le bon du mauvais. Vous savez identifier les aliments auxquels vous avez droit. Vous pouvez alors sortir de votre retraite, reprendre une vie familiale et professionnelle « normale ».

Commence alors la période de « rodage ». Vous vous rodez, tout comme vous roderiez un moteur neuf. Et vous allez tester vos nouvelles habitudes alimentaires dans différentes situations : réceptions, périodes oisives, stress, vacances, voyages, déprime...

Quelle que soit la raison qui a motivé la cure, vous entamez votre apprentissage.

LA PÉRIODE DE STABILISATION COMMENCE

Pendant cette période – mais en fait, à vie – vous pouvez garder les aliments indispensables quotidiennement : les protéines, les glucides, les vitamines, les sels minéraux et les fibres. Vous gardez l'eau, le pamplemousse ou l'orange, le cacao au lait écrémé et au miel ainsi que l'hydromel. Vous respectez les règles alimentaires qui facilitent les échanges et ralentissent l'usure du temps.

Vous réintroduisez tout doucement les aliments que vous aviez éliminés jusque-là parce qu'ils étaient simplement plus difficiles à digérer. Votre organisme peut désormais faire son travail, c'est-à-dire garder le bon et rejeter le mauvais. Ces éléments sont de nouveau vos amis, ils sont sains, bienfaisants. Au lieu d'en donner une longue liste – il y en a beaucoup de par la planète –, trions les amis et les ennemis.

STABILISATION

Ce qu'il faut garder tous les jours à vie

– 1,5 l d'eau par jour ;
– 1 pamplemousse **ou** 1 orange (vitamine C plus éléments minéraux) ;
– 1 hydromel (vitamine C plus les éléments précieux du miel) ;
– 1 cacao au lait et au miel (protéines, potassium, magnésium, phosphore et miel), voir recette p. 105 ;
– 300 g de légumes cuits **ou** 300 g de fruits cuits (sels minéraux différents suivant la nature et la provenance des fruits et légumes) ;
– 1 repas lacté **ou** 2 yaourts **ou** 1/4 l de lait (calcium).

Telles sont les quantités souhaitables, mais il est possible, en cas de faim, de reprendre un de ces éléments.

À consommer en famille, entre amis ou au restaurant

• **Produits de la mer** : poissons, crustacés, coquillages, tous peuvent être consommés sans limite de fréquence.
• **Viande** :
200 g environ par jour
– viande rouge : 2 fois (ou 400 g) par semaine maximum ;
– volailles : toutes les volailles ;
– veau : s'il est de bonne qualité ;
– porc ou agneau : à consommer grillés ;
– jambon : cru ou cuit, de bonne qualité (125 g).
• **Œufs** : 4 par semaine, sous toutes les formes : en omelette, durs, brouillés ou dans la composition d'un plat.
• **Fromage** : 125 g par jour, en repas unique avec des légumes.
• **Féculents** : possibilité d'en ajouter 1 par jour :
– soit 60 grammes de pain grillé complet ;
– soit 8 crackers ;
– soit 2 pommes de terre vapeur ;
– soit 2 louches (1 bol chinois) de riz, couscous, lentilles, taboulé ou autres légumineuses et céréales ;
– soit 1 plat de pâtes en plat unique avec accompagnement de légumes.
• **Crudités**
À consommer au début ou loin des repas sans oublier de bien mâcher.
300 g par jour = 2 tomates
= 2 bananes
= 4 pêches
= 1 saladier individuel de feuilles de salade
= 1 bol de carottes râpées
= 1/4 d'ananas
= 1 petit melon
etc.

Les jours de fête

– 125 g de chocolat par semaine (1 part de gâteau, 1 barre ou 2 morceaux par jour) ;
– 75 cl de vin par semaine (1 verre par jour ou plusieurs, 1 ou 2 fois) ;
– 10 g de beurre cru par jour ou 1 cuillerée à soupe de crème fraîche.

Les amis, vous souhaitez les voir souvent, vous avez des échanges positifs avec eux. Ils vous apportent quelque chose, et quand ils partent, ils vous laissent une trace de bien-être. Dans le domaine alimentaire, il y a des amis sincères, peu spectaculaires mais particulièrement efficaces, que l'on peut recevoir chez soi ou trouver facilement. Tous vos élans iront désormais vers eux. Vous avez confiance. Vous les avez perçus comme plus agréables. Ils vous sont devenus nécessaires, ils amènent bien-être, énergie, efficacité, calme, autonomie.

Vous abandonnez ce que vous recherchiez chez vos ennemis. Ces ennemis qui, insidieusement, s'étaient imposés, vous étouffaient, vous empêchaient de bien vivre. Vous avez enfin réussi à prendre vos distances : ils n'ont plus leur place. Et même s'ils se déguisent en prenant l'apparence de bons amis, vous n'aurez pas de mal, aidé par vos amis en place, à les démasquer et à les éviter. L'harmonie règnera délicieusement. Vous regarderez vos ennemis avec moins de crainte et de culpabilité.

Certains de vos amis étaient également mal vécus parce que vous les receviez mal. Ils devenaient ainsi des ennemis. Les crudités, par exemple. Vous les mangiez trop vite ou trop tard dans la journée, ce qui provoquait ballonnements et fermentation. Pendant ces dix jours d'apprentissage, vous avez passé vos « amis-ennemis » en revue. Ils pourront revenir sur votre table de meilleure manière.

Voici vos nouveaux amis :

■ *Les crudités et les fruits*

Excellents pour les vitamines qu'ils contiennent. Ne dépassez pas 300 g. Peser me semble fastidieux, disons alors que 300 g représentent visuellement 2 grosses tomates, ou un saladier individuel de feuilles, ou un bol de carottes râpées, ou 2 bananes, ou 4 pêches, ou 2 pommes, ou 2 poires, ou 1/4 d'ananas, ou un petit melon, etc.

Consommez-les **avant ou loin du repas, de préférence dans la première moitié de la journée**, et mâchez bien. Ils seront plus digestes. Vous profiterez davantage des fruits en les isolant. Comme en-cas, par exemple. En fin de repas, le fruit cru arrive en surcharge dans un estomac déjà rempli. En plus, il est très riche en cellulose, et la cellulose crue est une véritable éponge. Elle gonfle, stagne dans l'estomac et provoque dilatation, fermentation ou colite. L'organisme est mis à rude épreuve. Et vous voilà digérant comme un boa. De plus, un fruit cru qui séjourne trop longtemps dans l'estomac perd ses bienfaits.
Si les aliments ont suivi l'itinéraire parfait, s'ils ont été mâchés puis malaxés dans l'estomac, ils arriveront avec toutes les vertus dans l'intestin, où le sang viendra puiser ce qu'il distribuera dans tous les réseaux du corps. Il lui est plus facile alors de sélectionner le bon du mauvais, qui sera expulsé. En prenant les crudités en début de repas, en les mâchant bien, la cellulose aura déjà « éclaté » et sera moins spongieuse, pour peu que le repas comprenne d'autres végétaux cuits, légumes ou fruits. Une compote en fin de repas est un excellent dessert. Choisissez la plus belle pomme ou la plus belle tomate de vos achats, mangez-la crue au début ou loin du repas, et faites cuire les autres.

■ *Les produits de la mer*

Tous sont vos amis, poissons, crustacés, coquillages. À condition, bien sûr, qu'ils soient frais.

■ *Les graisses animales*

Pendant les premiers jours, quand vous aviez décidé d'être conscient de votre nourriture, il était évident qu'il fallait prendre vos distances avec elles, tout en conservant des lipides végétaux, comme l'huile ou, éventuellement, la margarine. Mais, désormais, il n'y a aucune raison de vous priver d'éléments qui contiennent des graisses animales : du lait demi-écrémé, si vous le préférez au lait écrémé, du beurre cru. Le beurre cuit est une catastrophe, il se transforme en goudron (l'acroléine) que l'organisme n'assimile pas. Vous pouvez dépasser les 10 g (cela correspond à la ration que donnent restaurants et hôtels au petit déjeuner).

Le fromage

Comme je reste malgré tout très prudente vis-à-vis de la graisse animale – il y en a vraiment un peu partout et un peu trop –, le fromage est mon chouchou. C'est une nourriture bienfaisante, complète et sûre, pratique, merveilleusement reconnaissable et variée : 360 sortes en France ! Toutes valables ! À raison de 125 g par portion. Le fait de prendre le fromage en fin de repas, c'est-à-dire associé à d'autres protéines, multiplie sa teneur en graisse. Pour ceux qui souhaitent perdre du poids ou ne pas grossir, il vaut mieux faire un repas de fromage, en plat unique, accompagné de légumes qui faciliteront son acheminement : une ratatouille, des poireaux en vinaigrette, des haricots verts en salade, etc. Du fromage, avec 30 g de pain et peut-être quelques gorgées de vin, ce n'est pas si mal !

Les viandes

Toutes peuvent être réintroduites, à raison de 200 g par jour environ. Du veau de bonne qualité, du porc ou de l'agneau, mais exclusivement grillés (la viande grasse est plus inoffensive une fois grillée), du jambon, cuit ou cru, de très bonne fabrication. Évitez la viande rouge le soir, elle échauffe les capillaires et les fragilise.

Peut-être avons-nous conservé une mémoire génétique de carnivore, mais il est démontré que les protéines animales ne sont pas indispensables à l'organisme. Simplement, il faut consommer chaque jour une quantité suffisante de protéines. D'autres aliments que la viande en sont pourvus : le poisson, les œufs, les produits laitiers, les légumes secs, les céréales complètes (c'est-à-dire non raffinées, qui bénéficient donc de tous leurs éléments originels).

Contrairement à ce que l'on a longtemps cru, la viande ne présente pas de vertus indispensables. Autrefois, quand les hommes vivaient davantage en harmonie avec la nature, la nécessité s'imposait. Manger du gibier s'inscrivait ainsi dans

Les protéines ne se trouvent pas seulement dans la viande

100 g de viande apportent 18 à 20 g de protéines, de même que :
- 100 g de poisson;
- 100 g de volaille;
- 2 œufs;
- 1/2 l de lait;
- 4 yaourts;
- 180 g de fromage blanc maigre;
- 70 g d'emmental;
- 90 g de camembert.

un équilibre naturel. On accommodait les animaux prédateurs nuisibles aux récoltes et parfois à l'homme. De nos jours, la question se pose différemment. En outre, la viande est souvent maltraitée. On « pousse » les animaux, on les manipule artificiellement avec des hormones, afin d'obtenir davantage de kilos de viande. Du coup, celle-ci n'est ni saine ni bonne au goût.

Les œufs

Vous pouvez les réintroduire, mais pas plus de 4 par semaine, et pas plus de 2 si vous avez du cholestérol. Un seul œuf contient déjà 300 mg de cholestérol. Or le corps humain ne peut en transformer que 280 mg par jour. Naturellement, si vous êtes près d'une « source naturelle » et si votre cholestérol est sage, les œufs représentent un aliment très valable : il est possible d'augmenter votre consommation s'ils entrent dans une alimentation équilibrée et saine.

Les légumes

Avec leur richesse en sels minéraux variés et leurs fibres, ce sont des amis à part entière. Sous toutes les formes : nature, en salade, en soupe, en gratin, avec une béchamel légère (une cuillerée de farine, du lait écrémé, de la noix de muscade, de la margarine ou de l'huile).

Éventuellement, avec une cuillerée de crème fraîche ou de beurre (toujours cru) lorsque vous ne serez plus en lutte contre les kilos.

Plus vous mangerez les légumes fraîchement récoltés, plus vous bénéficierez de leurs vitamines (surtout la vitamine C, particulièrement fragile) et de leurs sels minéraux, fragiles eux aussi. Ne les conservez donc pas trop longtemps, même au réfrigérateur. Certains légumes gardent plus longtemps leurs sels minéraux, comme toute la famille des choux. Il n'en n'est pas de même pour les haricots verts, les épinards et les artichauts.

Je ne suis pas opposée aux légumes surgelés. Leur valeur diététique est certaine. Surgelés en pleine saison, ils sont sûrement plus valables que des légumes mangés hors saison, qui viennent de contrées lointaines dans des conditions qui ne sont pas toujours idéales. Mais d'un point de vue gastronomique, je ne les trouve pas fabuleux. Dans les restaurants, on ajoute nombre d'ingrédients pour leur donner du goût. Ils s'apparentent alors à une éponge à jus ou à beurre. Vous-même pouvez les accommoder avec de l'huile et des herbes.

■ *Les féculents*

Vous les retrouverez aussi. Ce sont des glucides lents. Il faut réapprendre à les manger pour qu'eux aussi deviennent vos amis. Alors, pour commencer, pendant une quinzaine de jours, ne dépassez pas quotidiennement :

- soit deux belles pommes de terre. À la vapeur, c'est mieux ;
- soit un plat de pâtes. À manger plutôt en plat unique.

Il n'est point nécessaire de choisir des pâtes complètes. Complétez-les vous-même avec ingéniosité, pourvu qu'il y ait un légume pour faciliter la digestion (tomates, ratatouille, brocolis, champignons, poivrons grillés, etc.). Vous pouvez ajouter plusieurs aliments : des fruits de mer ou un peu de jambon, ou encore du fromage. Les pâtes à l'italienne, qui contiennent autant d'accompagnement que de pâtes, sont parfaites. La *pasta* est le véhicule qui transporte ce que l'on y ajoute. Il n'y a rien de pire que de simples pâtes avec du beurre. Amidon et graisses animales égalent difficultés. Le mélange sera péniblement pris en charge par la digestion.

Grâce à la réintroduction des féculents, vous pouvez vous satisfaire en toutes circonstances, notamment dans les milieux exotiques qui les accomodent très intelligemment (couscous, paëlla, etc.).

Il faut apprendre à mâcher pour rendre ces glucides digestes. Les oiseaux et les ruminants sont dotés d'un estomac, gésier ou rumen, qui les fait digérer différemment et manger pour survivre. Nous autres humains avons une cérébralité papillaire qui nous « permet » de manger sans besoin, par incitation, évocation, occasion, suggestion...

Les céréales et les légumineuses

Sous toutes les formes : lentilles, riz, couscous, haricots, taboulé, graines comme l'orge, le blé, l'avoine, le seigle... ces glucides à combustion lente, très riches en vitamines B, en sels minéraux et en fibres, sont énergétiques et assurent un bon fonctionnement de l'intestin.

La ration quotidienne ? Deux louches ou un bol chinois de légumineuses. Ou 60 g de pain complet. Grillé, il est encore plus digeste. Évitez le pain blanc : ce n'est que de l'amidon. 60 g de pain équivalent à 8 tranches de crackers.

Les céréales, le matin, sont saines et agréables. Lisez la composition. Ajoutez du lait écrémé, ou demi-écrémé si vous n'êtes plus dans une période d'amaigrissement.

Le vin

Ne dépassez pas 75 cl par semaine (une bouteille de bordeaux ou de champagne), soit un petit verre par jour. Si vous en buvez 3 à 4 verres d'un coup, à l'occasion d'une fête ou d'une bouteille exceptionnelle, abstenez-vous les jours suivants.

■ *La bière*

Voir le chapitre des boissons, p. 94.

■ *Le sel*

Pendant les dix premiers jours, la ration était limitée. Désormais, vous pouvez introduire des aliments qui contiennent plus de sodium. Essayez toutefois de ne pas ajouter de sel à vos plats.

aliments (pour 100 g)	**teneur en sodium (en mg)**
légumes verts	10 à 140
fruits secs	30 à 80
lait	50
viande	50 à 110
poisson	60 à 100
pain	500
fromage	800
jambon cuit	2 000

Il reste néanmoins important de diminuer votre consommation de sel, voire de le supprimer, en cas de syndrome prémenstruel.
Les quelques jours qui précèdent les règles sont pour certaines très désagréables, voire douloureux : gonflement des seins, douleurs abdominales, sensation de congestion, agacements.
Quelques précautions atténuent ou effacent souvent ces symptômes, dus à une congestion du petit bassin, donc des ovaires, qui produisent des hormones. Celle-ci peut être combattue :
– en buvant (de l'eau bien sûr) ;
– en consommant dans la journée 2 pamplemousses (le potassium et la vitamine C favorisent la décongestion) ;
– en supprimant le sel pendant ces quelques jours.

LA DURÉE DE LA PÉRIODE DE STABILISATION

Soit on a atteint le poids recherché et les rations seront « autocontrôlées », l'appétit et l'estomac ayant retrouvé leur calme. Soit il reste des kilos à perdre et cette période de dix jours de stabilisation est un entracte avant une autre période de cure plus restreinte.

Toute perte de poids volontaire doit être suivie par une période de transition pour que l'organisme assimile bien les nouvelles données. La période de stabilisation est importante, elle permet à l'organisme de bien comprendre les changements intervenus. Si après la période des dix jours, on se remet à manger exactement comme avant, il y a un grand risque de retomber dans le système « yo-yo ».

La stabilisation dure une dizaine de jours, c'est une sorte de convalescence, une période de rodage. On voit comment l'organisme réagit désormais aux aliments qu'on a supprimés pendant dix jours, comme de nouveaux glucides (féculents, sucres raffinés) dont on fera d'ailleurs un jeu et non un calcul permanent, de nouveaux protides (œufs, légumes secs), de nouveaux lipides (graisses animales, oléagineux, avocats ou une poignée de noisettes).

Il faut ainsi rester vigilant une dizaine de jours. Si on prend du pain le matin et des pâtes à midi, on évitera les pommes de terre, le soir. L'équilibre se fera progressivement. Si vous avez mangé votre ration de pain le matin et que vous vous retrouvez à midi devant un très bon plat de pâtes, vous le dégusterez mais, le lendemain, vous en tiendrez compte. Vous diminuerez un peu le féculent parce que le féculent appelle le féculent et, à force, vous n'aurez plus envie de légumes verts.

Si on s'aperçoit qu'avec tel aliment, on grossit, on fera un peu plus attention dans la journée. Peu à peu, l'instinct l'emportera et on s'aperçoit qu'on se tourne instinctivement vers les bons aliments, qu'on en mange en quantité raisonnable et qu'on les mâche bien.

Une fois la période de stabilisation terminée, si on est content de son poids, on garde tous les éléments indispensables quotidiennement (voir tableau p. 137) : ils permettent de maintenir la machine en bon état, si on en manque, on a tendance à être attiré par des éléments mauvais pour l'organisme. S'il reste du poids à perdre, on fait une nouvelle cure de dix jours.

Quand on est arrivé à un juste poids sans carences, on peut manger de tout, à condition que ce soit de bonne qualité, que les quantités soient raisonnables et de manger dans de bonnes conditions.

■ *Comment lutter contre les petits creux ? Par exemple, pour ceux dont la matinée ou l'après-midi sont particulièrement longues.*

Il faut couper la matinée ou l'après-midi. Surtout, ne pas laisser s'installer une hypoglycémie. En cas de faim ou de sentiment de fatigue, on peut prendre tout ce qui est indiqué page 137.

■ *Que faire en cas de pulsion alimentaire ?*

Il faut céder, sans mauvaise conscience, à cette pulsion et ne pas se dire que tout est perdu. Il faut céder en pleine conscience pour pouvoir reprendre la maîtrise des choses. On aura conscience de céder à quelque chose d'inhabituel dont il faudra tenir compte dans l'équilibre de la journée ou des jours suivants.

LE PETIT DÉJEUNER

J'insiste sur ce point.

Ne le négligez pas si vous voulez entamer la journée le mieux possible et faire face à vos responsabilités. Vous mettez bien de l'essence dans votre voiture pour qu'elle fonctionne. Et même vous choisissez l'essence la plus pure, celle qui n'encrassera pas votre moteur. Comparez le petit déjeuner au premier plein de votre voiture. Ce premier repas, pris après une nuit de repos, que vous le dégustiez seul, en famille ou avec des amis, est important aussi du point de vue psychologique. Après une bonne nuit, on a davantage conscience de la nourriture et des êtres qui nous entourent. On est tout neuf, les autres aussi, et les rapports sont plus riches.

Ce petit déjeuner doit satisfaire vos besoins et vos goûts, vous faire plaisir. Le plaisir, les besoins... deux mots indissociables ! Le plaisir des besoins, les besoins du plaisir.

Dommage de ne pas vivre ce moment précieux. D'aucuns prétendent ne pas avoir le temps. En réalité, la plupart des gens ont dîné tard la veille. Ce faisant, ils ont compromis leur digestion et leur sommeil et retardent le plus possible le moment de se lever. Non seulement il est souhaitable de changer cette habitude, mais on peut assurer l'énergie de la matinée en une demi-heure.

> – Au réveil, on boit doucement 1/2 l d'eau – cela prend une minute et demie ;
> – puis on presse le pamplemousse ou l'orange que l'on déguste aussi en se préparant ;
> – dix minutes après, juste avant de partir, on boit 1/4 l de lait écrémé avec le chocolat et le miel.
>
> L'eau a éliminé les toxines de la nuit, le jus de fruit vous a offert vitamine C et sels minéraux. Chocolat, miel et lait représentent l'équivalent d'un repas avec protéines et calcium. Vous avez bénéficié des bienfaits du cacao et des merveilles du miel.
>
> Bien sûr, si vous avez le temps, vous pouvez ajouter céréales ou pain, qui en freineront la digestion et maintiendront plus longtemps les effets de ce petit déjeuner.
>
> En tout cas, mieux vaut prévoir un fruit cru ou sec dans la matinée (environ trois heures après) que d'avaler trop vite un petit déjeuner trop abondant, ne pas déjeuner du tout ou se précipiter sur un croissant beurre et un café crème au bistrot, doublement « sympa » (ils calment la faim et c'est le premier contact extérieur) mais doublement encombrants pour l'estomac.

Le petit déjeuner que je propose apporte des calories légères, digestes et très énergétiques. Il donne une autonomie de trois à quatre heures. C'est un diamant que vous mettez dans votre chaudière et qui va brûler sans laisser de déchets. Si vous vous privez de sucre, vous aurez un coup de fatigue qui se traduira par un besoin de sucre. Vous irez vers l'un de ces aliments malins à portée de main, de mauvaise qualité, qui contiennent graisse, sucre raffiné et produits chimiques et apportent beaucoup de calories inutilisables, ainsi que du sucre qui appellera d'autres sucres.

La méthode anglaise est plus logique. Les Britanniques équilibrent leur journée autour d'un petit déjeuner copieux, d'une collation légère avec du thé à l'heure du déjeuner (d'où énergie, chaleur, mais productivité préservée car il n'y a pas d'assoupissement dû aux difficultés de digestion) et d'un dîner léger, tôt dans la soirée, vers 18 heures, ce qui permet une longue soirée de détente et une digestion parfaite avant d'aller dormir. Le lendemain, on se lève en appétit et on « petit-déjeune » avec plaisir. Il est vrai que les Anglais ont l'avantage de quitter leur travail tôt, entre 17 et 18 heures, ce qui facilite cette organisation.

DES ALIMENTS FÉTICHES ET DES PETITS PLAISIRS

Durant cette période de stabilisation, vous découvrez avec étonnement que vous pouvez vous octroyer le droit de retrouver vos fétiches, vos petites madeleines de Proust.

Vous les retrouvez avec plaisir car ils ne sont plus obsédants ni culpabilisants, et puis vous savez les gérer.

Il n'est pas question de mépriser ces chefs-d'œuvre que les pâtissiers nous proposent. Ce ne sera plus un besoin, ils sont devenus désir. Vous choisirez le « bon » pâtissier ! Et le souvenir du plaisir vous aidera, dans la journée, à rééquilibrer votre alimentation.

■ *Le chocolat*

Pourquoi pas ? C'est un fantasme alimentaire comme un autre. Mais mangez le bon, le vrai chocolat, et noir de préférence. Ainsi, il est épuré de tout ce qui est indigeste.

Dans la période de réadaptation, limitez la dose. Ne dépassez pas **125 g par semaine** (une plaque moyenne). Savourez, dégustez lentement, lentement… Le cerveau aura le temps d'enregistrer le nouveau venu et de donner des ordres aux organes chargés d'accueillir cet hôte. Informés eux aussi, la vésicule et le pancréas viendront, au passage, donner leur obole, afin de changer un ennemi en ami tranquille. Si vous dévorez du chocolat à toute allure, la vésicule sera surprise, se contractera, boudera plusieurs jours. D'où écœurement, boutons, mal de tête et mauvaise humeur.

Une ration de 125 g par semaine est tout à fait innocente. Si vous préférez privilégier le cacao du matin, prenez plus de poudre. Mais quand vous serez parvenu à un équilibre, à une conscience de la nourriture, la dose des 125 g pourra être dépassée. Sans excès, bien sûr. Cela est valable pour tout aliment qui demande au foie un effort supplémentaire.

L'envie de chocolat peut survenir après un effort physique ou intellectuel, par temps froid ou par besoin de magnésium ; justement, le chocolat en est plein. Ce n'est pas un hasard si les magasins regorgent de chocolat à Noël et à Pâques, ils précèdent les besoins de l'organisme. Le soleil fixe ces minéraux et les jours sont de plus en plus courts. C'est à l'entrée et à la sortie de l'hiver que l'organisme a le plus grand besoin de magnésium et de calcium.

C'est en effet la lumière solaire qui nous aide à fixer et à maintenir les sels minéraux indispensables à la vie. Avec les jours qui raccourcissent, nos réserves s'épuisent et il est essentiel de les renouveler. En automne, où les bienfaits des vacances sont loin, où les rentrées, scolaires et autres, sont souvent difficiles, notre organisme doit, au fur et à mesure que les jours déclinent, descendre un escalier jusqu'au solstice d'hiver (le 22 décembre). Pour ne pas rater les marches et chuter, il faut tenir la rampe. La rampe, c'est le maintien des éléments fournis par le cycle solaire. Le 24 décembre était autrefois une fête païenne : la terre avait épuisé tous ses bienfaits mais elle allait renaître, et on fêtait ce nouveau cycle de vie. On fêtait le renouveau. Déjà, les toutes premières pousses apparaissent. Nous sentons, nous aussi, un besoin de remonter cet escalier avec cette petite lueur prometteuse là-haut (les jours recommencent à croître). Ceux qui se sont épuisés jusque-là, qui voudraient bien monter mais n'en trouvent pas la force, sont tristes, découragés et parfois déprimés.

LA QUANTITÉ ET LE VOLUME

Même quand l'organisme est « corrigé », que l'estomac a retrouvé sa place, que l'on revient dans un monde de séduction, d'attraction et d'occasions alimentaires, le volume reste important. Se régaler est essentiel, mais ne pas sortir de table avec une sensation de lourdeur l'est tout autant. La bonne ration est de 500 g par repas. Cela évite la compression des organes et l'inconfort. Mais votre nourriture est désormais plus variée. Pendant les dix jours de cure, vous avez visualisé une ration raisonnable en ayant devant vous les 200 g de viande ou de poisson et les 300 g de légumes. Le volume de ce plat unique correspond à peu près au double de ce qui est prévu dans un restaurant. Vous pouvez donc vous retrouver dans la vie courante avec une entrée, un plat et un dessert peu volumineux.

Par exemple :
- une petite assiette de crudités ;
- un poisson avec légumes ou pommes vapeur ;
- une crème caramel ou un sorbet.

Ou bien :
- six huîtres ;
- un blanc de poulet avec ratatouille ;
- une compote ou une tartelette.

Peu à peu, vous verrez, vous vous servirez tout naturellement la dose raisonnable.

COMMENT S'ADAPTER EN TOUTE OCCASION ?

Certains se défendent : « Je mange ainsi parce que c'est impossible de faire autrement, pour telle ou telle raison. »

Tout le monde peut rééduquer son alimentation quand il y a nécessité, une personne sédentaire comme un itinérant, un habitué des repas d'affaires toujours pressé comme un travailleur à la carte qui fait sept à huit heures d'affilée. Certes, les horaires variables conduisent souvent à manger n'importe quoi. Des entreprises prévoient même une distribution de sandwichs aux heures de repas. On mange tout en continuant de travailler. Très profitable... surtout aux fabricants de sandwichs!

L'éventail des produits sains, lorsqu'on en a pris conscience, permet, en toutes circonstances, de se sustenter convenablement. Il faut prendre ses dispositions chaque fois qu'on se trouve loin de ses habitudes. Il n'est guère besoin d'une remorque pour emporter un repas lacté, avec miel, fraises, compote ou raisins secs. Ou un sandwich à base de pain complet, avec un bon morceau de fromage, de poulet ou de jambon et une feuille de salade. Autant de produits que vous aurez choisis, donc de bonne qualité. Ou bien, vous opterez pour un en-cas peu volumineux et énergétique qui palliera une petite faim et vous aidera à attendre le repas que vous ferez plus tard, chez vous ou au restaurant : un fruit sec par heure ou un fruit frais. Un seul, dans ce cas. De plus, cet en-cas régularise les fonctions pancréatiques, surtout chez les personnes qui ont tendance à l'hypoglycémie. Il est judicieux de le garder longtemps en bouche et de le laisser fondre très doucement pour mieux absorber ses vitamines. L'abricot contient de la vitamine A. Le pruneau, du calcium, et il favorise le transit intestinal. Sucez le noyau le plus longtemps possible, il remplace le chewing-gum ou la cigarette. On peut faire de l'en-cas non pas un élément de déséquilibre supplémentaire, mais un élément plaisant et équilibré.

Il suffit parfois de peu de choses pour modifier son comportement alimentaire.

J'ai rencontré récemment un homme toujours pressé. N'ayant pas le temps de déjeuner, il mangeait, dans sa voiture, un sandwich, puis, pour se faire plaisir, un gâteau. Vous imaginez son bilan sanguin : un taux de sucre beaucoup trop élevé et des triglycérides à haute dose, ce qui était d'autant plus dangereux qu'il avait des antécédents diabétiques. Il lui fallait donc un repas qui lui fournisse la même quantité de nourriture et ne supprime pas le sucre brutalement, ceci afin d'éviter des crises d'hypoglycémie par manque de sucre. Je lui ai conseillé un repas lacté à midi. Outre les protéines, il contient du sucre (le miel) qui s'assimile facilement et ne perturbe pas un pancréas épuisé. Cet homme a perdu ses kilos et retrouvé une formule sanguine rassurante ainsi que la possibilité de faire un autre repas agréable dans la journée.

J'ai rencontré aussi une jolie et charmante speakerine de la télévision. Elle non plus n'avait pas le temps de déjeuner. Aussi avait-elle un moment béni dans sa journée, qu'elle attendait avec impatience. En fin de matinée, elle descendait à la pâtisserie du coin et, folle de pâte à chou, achetait un éclair ou une religieuse au café. Comme elle prenait du poids (le sucre de ces deux gâteaux incitait son organisme à se satisfaire toujours davantage), elle en était arrivée, pour garder son habitude, son petit repos de guerrière, à éliminer peu à peu tous les aliments « sages » et amis, du genre fruits, fromage, pain. C'était un cercle vicieux : plus elle supprimait ces aliments, plus le corps se rattrapait sur le sucre. Certaines parties de son corps étaient maigres, d'autres étaient déformées par de vilaines boules de graisse.
Nous avons donc rusé. Elle a accepté de se lever un peu plus tôt le matin et de prendre un petit déjeuner agréable et énergétique, avec jus de fruit et laitages. Puis, elle a accepté de jouer le jeu pour perdre ses kilos. Elle a remplacé ses éclairs au café par un repas lacté, auquel elle ajoutait une cuillerée de poudre de café. Elle retrouvait donc une autre forme de sucre ainsi que le goût du café, son petit plaisir. Elle a commencé à maigrir. Du coup, son besoin de sucre et de gâteaux a diminué. Aujourd'hui, elle garde son goût pour les gâteaux (heureusement !) mais elle est moins « accro ». Elle en mange par plaisir, non plus par besoin.

LES REPAS D'AFFAIRES

Je sais qu'il est difficile de faire marche arrière, tant ils sont à la mode et font partie des traditions et des habitudes. La convivialité a bon dos. Sous prétexte de mettre ses invités à l'aise, on se croit obligé d'accumuler les plats et les vins. Difficile, lorsque les kilos supplémentaires se mettent à table avec vous, de raisonner « sainement ». Le rendez-vous d'affaires étant souvent une corvée, ces repas font office de compensation et de consolation. Ajoutez la tension du but recherché par ce repas appât, et peu de bienfaits sur l'organisme sont à espérer.

Nous avons trouvé une stratégie avec un homme d'affaires et sa femme, tous deux très occupés et contraints quotidiennement à des repas, mais aussi très soucieux d'assurer leur santé et leur intimité malgré les sollicitations permanentes. Ils prenaient leur petit déjeuner ensemble, calmement et de manière très équilibrée. Au déjeuner, ils mettaient sur leur assiette quelques feuilles de salade symboliques en prétextant leur difficulté à fonctionner intellectuellement pendant la digestion, tout en régalant leurs convives. Ils se retrouvaient à l'heure du thé pour une collation, un moment de détente et d'échanges. Ils pouvaient alors, l'un et l'autre, affronter de nouveau une fin de journée de travail ou une autre occasion gastronomique.

Cet exemple est extrême, je le sais parfaitement. Tout le monde n'a malheureusement pas la possibilité de faire une pause dans l'après-midi et de s'organiser à son gré. Je le donne simplement pour montrer qu'on peut, en tout cas, réfléchir, imaginer... Vous trouverez certainement des améliorations à apporter à votre vie. Des personnes, victimes très tôt d'infarctus ou autres accidents graves, arrivent bien à s'adapter, lorsqu'elles y sont obligées. Autant prendre ses dispositions à l'avance.

C'est possible sans bouleverser pour autant son environnement, son travail, et sans sacrifier ses envies personnelles.

AMIS ET RESTAURANTS

Pour ce qui est des amis et du restaurant, j'entends des choses aberrantes. Des gens se plaignent d'inviter ou d'être invités. Les premiers parce qu'ils se croient obligés de prévoir des repas hors de leurs habitudes. Les autres parce qu'ils seront « obligés » de manger ce qu'on leur impose. Ils adoptent alors différentes stratégies. Les uns projettent de ne rien manger ; les autres décident, au contraire, de se laisser aller mais de ne rien avaler en attendant, de faire pénitence avant.

Bref, hôte ou invité, dans tous les cas, on redoute ce qui devrait procurer du plaisir. Quel gâchis !

La solution ? Essayez de devenir un parfait gourmet. Le vrai gourmet n'a pas de problème de santé et de poids. Il n'appréhende pas la perspective d'une invitation et n'a pas à subir la pénitence du plaisir. Il se réjouit, prémédite, prépare.

Fort de la connaissance de ses besoins, il assurera le nécessaire pour aborder la « surprise ». Il ne commettra pas l'erreur fréquente qui consiste à ne rien manger au repas précédent, ce qui immanquablement fera dévorer plus que l'organisme ne pourra digérer. Comme les éléments indispensables quotidiennement sont rarement servis dans un repas gastronomique, suivant que l'invitation est prévue à midi ou le soir, le repas précédent ou suivant pourra, par exemple, se composer d'un légume et d'un fromage blanc.

Le gourmet est très conscient de la nourriture. Il ne mange pas n'importe où, avec n'importe qui, et ne mange jamais ce qui lui fait tort car, dans ce cas, il ne digérera pas. Cela implique une qualité de vie réfléchie. Tout en honorant sa santé, le gourmet se réjouit de cet instant sensuel où il prend du plaisir. Il sélectionne ses moments de bonheur alimentaire, déguste un plat de spaghettis délicieux plutôt qu'un plat sophistiqué, préparé sans amour par un traiteur quelconque. Voilà sa philosophie : se régaler avant, goûter à tout, jouir du moment. Ensuite, il jouira doublement, parce qu'il n'aura pas besoin de réparer et qu'il se sentira parfaitement bien. Mais le gourmet évite de se retrouver dans une multiplication de circonstances difficiles à gérer.

Contrairement au gourmet, le gourmand est un kamikaze de la nourriture. Il est impulsif, impétueux et appréhende toute sortie. Il se dit à l'avance : « Ce soir, chez ces amis, cela va être délicieux, mais je vais encore prendre des kilos. » Pendant le repas, il dévore, apprécie, mais se fait encore des reproches. Après le repas, il regrette sa voracité et se sent lourd d'avoir trop mangé. Son attitude est ambiguë. Il porte en même temps son plaisir et sa pénitence. C'est pour cette raison que, dans notre civilisation, les gourmands sont plus nombreux que les gourmets. Ils prennent pour une absolution l'idée de la pénitence, qui accompagne sans arrêt le plaisir.

Je crois possible, durant la période d'apprentissage, mais même à vie, de téléphoner à des amis pour s'informer du repas prévu, d'annoncer que, pour raison de santé ou autre, vous devez faire attention. Si vos amis sont de vrais amis, ils comprendront. Vous pouvez même leur faire part de vos découvertes. Du coup, ils seront tout prêts à confectionner une pièce de volaille ou un poisson en papillote. S'ils souhaitent vous honorer, ils ont l'embarras du choix. Il y a tant de menus extraordinaires, luxueux, entre les crustacés, les asperges, les coquilles Saint-Jacques... La liste est sans fin. Les aliments spectaculaires ne sont pas forcément les meilleurs. On peut composer de merveilleux repas à base d'éléments utiles et raffinés qui sont tout aussi délicieux. Un pot-au-feu, par exemple.

Si le repas ne vous convient pas – vous êtes devenu exigeant –, prenez un peu de tout dans votre assiette, chipotez, et ne vous resservez pas. Si vous mangez à contrecœur, vous ne digérerez pas. Vous pouvez même refuser un plat. Personne ne vous forcera.

La politesse ne fait pas partie de l'hygiène. Vous pouvez très bien dire à vos amis que vous n'êtes pas en forme, que l'important est leur présence. Ou, dans une situation plus « mondaine », faire preuve de diplomatie et affirmer que, la veille, vous avez mal digéré un repas trop arrosé, que vous êtes là pour le plaisir de leur compagnie.

Maintenant que vous connaissez l'importance de la quantité et de la qualité des aliments, que vous connaissez vos goûts et vos besoins quotidiens en protides, glucides, lipides, vitamines et sels minéraux, ce ne devrait pas être une corvée que de chercher à les retrouver. C'est même amusant. Cela vous donne pratiquement accès à tout lieu. Je ne pense pas qu'il en existe un seul où vous ne puissiez aller. Éliminez, bien sûr, ceux où la nourriture, particulièrement grasse et lourde, fait plus de mal que de bien. Limitez les dégâts qui vous paraissent inacceptables. Et ne faites pas l'innocent. Avec ce que vous savez désormais, impossible de dire : « Je ne pouvais faire autrement. Il n'y avait rien d'autre. » Ne vous mentez pas. Vu la multitude de mets généralement proposés, vous pouvez forcément vous débrouiller. Dans un grand restaurant comme dans un petit bistrot, il y a toujours une tomate-mozzarelle ou un crottin de Chavignol sur du pain grillé et de la salade. Ou encore une omelette ou une volaille. Ce sont là des repas complets qui ne font pas grossir. Et, au moins, vous savez ce que vous mangez.

Si vous vous retrouvez dans un restaurant « trois étoiles », ne faites pas la fine bouche. Réjouissez-vous, profitez de votre chance. Vous avez droit à tous les crustacés, coquillages, poissons, à toutes les volailles, etc. Si la spécialité est le canard au sang, ne demandez quand même pas un canard sans sang, sans orange et sans sauce. Honorez ce chef-d'œuvre. Profitez de l'art d'une personne qui a mis tout son savoir-faire et son amour dans l'élaboration d'un plat. Le lendemain, vous serez sage, vous prendrez des mets plus simples, quoique la très bonne cuisine ne devrait jamais perturber l'organisme. D'ailleurs, de grands cuisiniers – il y en a assez peu que je reconnais comme tels – s'informent des associations de mets heureuses et possibles, afin de garder leur clientèle.

EN VOYAGE

Pour ce qui est des voyages, on peut aussi s'adapter. Il le faut car les déplacements en voiture, en train ou en avion ont des répercussions physiologiques (phénomènes électromagnétiques). Réduire les conséquences désagréables est aisé.

■ *La voiture*

C'est en voiture que le problème est le plus simple à régler. La voiture étant un moyen un peu anachronique de voyager, par rapport à la rapidité du train ou de l'avion, il serait dommage de ne pas profiter de la liberté qu'elle offre, de ne pas s'arrêter dans un bel endroit, de ne pas pique-niquer légèrement en profitant du paysage pour se détendre. On peut s'arrêter assez souvent, au moins tous les 200 km, pour décharger la tension. Évitez les étapes gastronomiques ou ces innombrables self-services qui jalonnent les autoroutes. La nourriture y est rarement de qualité.

Si la route est longue, soyez prévoyant. Avant le départ, mangez, en petite quantité, des aliments agréables et sains : poulet, poisson, fromage blanc... Buvez beaucoup d'eau durant le voyage. Ajoutez du citron et du miel, sources d'énergie. Emportez éventuellement une bouteille Thermos remplie de thé, avec quelques pruneaux. Le thé soutient l'attention. Les pruneaux éviteront la constipation. Je déconseille le café. Cette boisson accélère les réflexes et génère de terribles coups de fatigue.

Ainsi, vous voyagerez léger, et, à l'arrivée, vous serez en pleine forme. Votre organisme ne sera ni surchargé ni endetté, et vous pourrez alors manger à votre gré.

■ *Le train*

Il y a encore peu de temps, l'un de mes grands plaisirs était de m'asseoir au wagon-restaurant. Je dégustais un bon repas, tout en regardant défiler le paysage. Ce temps-là est révolu. Le wagon-restaurant propose désormais des plats peu tentants et souvent indigestes. Au self-service, c'est pire encore. Vous pourrez difficilement bien vous nourrir et vous régaler. N'achetez que de l'eau, un yaourt ou une infusion. Même conseil que pour un trajet en voiture : mangez, si possible, avant le départ, ou préparez-vous un excellent sandwich, et n'oubliez pas l'eau et les fruits secs.

■ *L'avion*

En ce qui concerne l'hygiène alimentaire, l'avion est le pire moyen de locomotion. On digère mal. Cela ne tient pas seulement à la qualité de la nourriture. La pressurisation intensifie tous les inconvénients de la digestion et l'altitude modifie le métabolisme naturel ; ainsi, un verre d'alcool agit deux fois plus sur l'organisme que s'il est pris à terre. On arrive au terme du voyage l'estomac gonflé, la bouche pâteuse, et les premières heures sont compromises.

Si vous devez emprunter un long-courrier, soyez prévoyant. Mangez léger avant le départ et emportez, comme toujours, un en-cas reconstituant : des fruits secs en l'occurrence. Et puis, considérant que « Qui dort dîne », buvez de l'eau et dormez.

À l'étranger, quel que soit le pays, tout hôtel international offre des petits déjeuners « à l'américaine », c'est-à-dire de copieux buffets. Un grand choix est proposé. Personne ne vous oblige à remplir votre assiette de charcuterie. Prenez tout ce qui convient à vos goûts et à vos besoins : des laitages, des jus de fruits, s'ils sont nature, du pain complet grillé, des céréales, des compotes, des œufs ou du fromage si vous n'avez pas plusieurs repas en perspective. Il n'est pas question, bien sûr, de faire un petit déjeuner à l'anglaise, un déjeuner à la française et un dîner à l'espagnole !

Si vous n'êtes ni guidé, ni téléguidé, ni obligé : mangez comme les autochtones. C'est une façon profondément humaine de comprendre le pays. La plupart du temps, les aliments sont ingénieusement adaptés au climat, aux ressources, aux besoins, au plaisir ; mais restez vigilant sur l'hygiène. Dans les pays peu développés, nous nous défendons moins bien que les habitants. Il faut donc beaucoup de prudence avec les liquides. Buvez de l'eau minérale, du thé ou de la bière, ainsi que des fruits fermés que vous pèlerez et ouvrirez vous-même.

L'ACTIVITÉ PHYSIQUE

En ville, peu de gens ont une activité physique. À la campagne, davantage, quoique les travaux pénibles aient tendance à diminuer avec la mécanisation. Autrefois, les paysans avaient d'instinct une nourriture parfaitement équilibrée et adéquate, comme l'ont encore les gens simples dans les pays peu consommateurs : une nourriture qui « tient » au corps, qui est un bienfait, tout en procurant du plaisir.

■ *En cas d'effort physique*

Il existe, sur le marché, moult produits industriels censés donner de l'énergie, sous forme de barres prometteuses. En fait, ils anabolisent les muscles, leur permettent artificiellement de

« tenir », aux dépens des tendons non concernés ni concertés. Aussi, des tendinites apparaissent-elles. Tirez démesurément sur un élastique, il finira par céder. À tous ces produits factices je préfère les fruits secs, le miel et le lait concentré, les pâtes d'amandes.

Il n'y a pas de régime général pour les sportifs. Les spécificités alimentaires dépendent de l'intensité et de la durée de l'effort demandé par le sport choisi. S'il s'agit de soutenir un moment d'activité physique sporadique (sport scolaire, danse, piscine en amateur, sport hebdomadaire...), je conseille, avant la dépense sportive, un petit déjeuner comprenant une vitamine (jus de fruits ou fruit), un laitage, des céréales ou du pain, quelques fruits secs si la séance se prolonge, de l'eau à la fin, et un repas léger ensuite. Il est aussi néfaste de s'activer à jeûn qu'après un repas trop copieux.

Les professionnels et les amateurs qui font de la compétition doivent surtout veiller à l'alimentation lors de l'entraînement. Certains sports exigent de grandes quantités de calories : le rugby, le football, le sprint, le marathon. Il n'en est pas de même pour les skieurs – qui ne grimpent plus en peaux de phoque – ou les golfeurs qui, aujourd'hui, se déplacent souvent en petite machine! Pour ceux qui doivent s'entraîner en vue d'un match de longue durée, les 3 200 calories requises seront apportées par 15 % de protéines, 30 % de graisses et 55 % de glucides.

Les lipides végétaux favorisent la libération des acides gras indispensables à la contraction musculaire. L'excès de viande peut provoquer un excès d'urée qui favorise une fragilité tendino-musculaire. L'alimentation doit donc être équilibrée en protéines (viande rouge ou blanche, poisson, volaille, œufs, laitages), en glucides (miel, fruits – cuits de préférence –, pain, pâtes, pommes de terre, riz) et en lipides. Privilégiez les préparations à l'huile ou à la margarine. Le beurre aussi, mais je préfère le fromage.

Tout cela accompagné, bien entendu, de légumes verts qui assureront la présence de sels minéraux et l'acheminement correct de tous ces nutriments dans l'organisme.

Voici quelques propositions en cas d'entraînement :

– *petit déjeuner :*
chocolat au lait écrémé et au miel ou thé léger sucré au miel ;
pain grillé avec beurre et miel ou céréales au lait ;
pomme ou jus d'orange.

– *déjeuner et dîner :*
salade verte ;
poulet rôti ;
haricots verts ;
riz au lait.
ou
salade de haricots verts à l'estragon ;
bifteck grillé ;
purée de pommes de terre ;
compote et petits-suisses.

– *collation :*
yaourt au miel ;
biscuits complets.
ou
thé léger au miel ;
pain et gruyère, ou flan.

Ceux ou celles qui font du sport à l'heure du déjeuner prendront un repas lacté avant. En cas de séance sportive en sortant du bureau, je conseille d'absorber quelques fruits secs avant ou pendant.

- ***Le jour de la compétition*** requiert une vigilance absolue sur les aliments susceptibles de provoquer infections ou fermentations intestinales : viande ou poisson cru, crustacés, toute la famille des choux, salsifis... Un repas complet, énergétique et facile à digérer s'impose quatre heures avant la compétition, afin que l'essentiel de la digestion soit terminé, alors que les nutriments perdurent dans l'organisme, tel un combustible efficace. Du poisson, de la viande blanche, des légumes cuits, un laitage avec du miel. Plus un sucre lent (pain, pommes de terre, pâtes, riz, légumineuses) en petite quantité. Cependant, une ration d'attente est préconisée pour maintenir la glycémie. Elle consiste à boire de l'eau toutes les demi-heures et à déguster quelques fruits secs ou un biscuit complet avec raisins secs.

Si la compétition comprend une interruption (rugby par

exemple), c'est l'occasion de se réhydrater, de se « resucrer » et « resaler ». L'eau de Vichy ou Perrier qui contiennent du sodium, un citron pressé au miel conviennent parfaitement. Si l'épreuve est de longue durée (cyclisme, tennis, régate...), il faut prévoir un apport d'énergie suivi sans perturber la digestion : fruits secs ou pâte d'amande, par exemple.

Lorsque la compétition est terminée, prenez, en abondance, une boisson gazeuse non glacée pour vous réhydrater. Le muscle est imprégné d'acide lactique, responsable de courbatures et de tendinites. L'eau gazeuse favorise l'élimination de cet acide. Après un peu de repos, buvez 1/4 l de lait. Le repas suivant sera pauvre en protéines. Laissez les muscles évacuer les toxines d'effort. L'alimentation normale, plus copieuse, attendra le jour suivant.

Quelle activité physique ?

L'activité physique est un facteur d'équilibre, surtout si, parallèlement, l'hygiène alimentaire l'accompagne. Elle favorise une meilleure circulation dans tous les coins et les recoins de l'organisme. Le sport doit être pratiqué sans violence. Je suis opposée à toute torture infligée à l'organisme. Beaucoup de salles de culture physique ressemblent à des purgatoires. Les visages des participants expriment souvent la souffrance et non le bonheur de se mouvoir librement et totalement. Les brutalités de l'aérobic, du body-building ou autres activités de ce type me chagrinent. Quant à la course intensive, je ne pense pas que, pratiquée trop longtemps, ce soit une bonne chose, notamment pour les femmes, dont les seins et le ventre sont mis à rude épreuve.

La vie moderne prône la compétition dans tous les domaines. À mes yeux, la satisfaction de s'améliorer soi-même est une stimulation plus positive que le désir de dépasser l'autre, qui n'a peut-être ni les mêmes capacités ni les mêmes dispositions, ou qui se trouve dans un moment plus ou moins favorable.

Vive les activités qui réunissent la tête et le corps, qui donnent le plaisir de se retrouver, de reconstituer son corps, souvent écartelé, en réunissant tous les petits morceaux de puzzle. Danser, nager, se promener longuement dans la nature... Ce sont là, j'en suis persuadée, de bonnes choses. Il y a tant de raisons et de moyens de bien utiliser son corps. À condition d'être conscient de qui on est, de ce que l'on fait, au moment où on le fait. Les bonheurs sont toujours plus intenses dès qu'on en a la conscience personnelle. Tout cela demande une intelligence du corps et de la tête.

CAS PARTICULIERS

■ *Le diabète*

Les prédiabétiques

En ce qui concerne les prédiabétiques, du moins les personnes étiquetées comme telles, qui me sont confiées, ce sont surtout à mes yeux des individus qui ont trop de sucre dans le sang. Ils consomment fréquemment trop de sucres, d'alcool ou de boissons sucrées dans leur alimentation. Ou bien ce sont des personnes qui n'utilisent que des sucres chimiques, qui ont leurré et détraqué leur pancréas. Pour réparer ce désordre, on va pendant quelques jours supprimer tous les sucres inutiles, cachés ou mal assimilables, en stimulant le pancréas à petites doses : toutes les trois heures, une prise en petite quantité de sucres qui, par leur composition, proposent autant d'énergie que de goût sucré puisqu'il s'agit de fruits secs et de miel. Puis, quelques jours plus tard, on les associe à un sucre lent qui va prolonger et maintenir le besoin en sucre.

Par exemple :
- une tartine de pain complet grillé ou un cracker avec une cuillerée à café de miel au petit déjeuner ;
- un fruit dans la matinée ;
- un féculent au repas de midi et du soir (riz, pâtes, pommes de terre, etc.), associé aux légumes verts ;
- un autre fruit dans l'après-midi, cuit ou cru.

Tout est suivi et contrôlé, soit par une analyse de sang, soit par un test effectué avec des bandelettes de contrôle.

Le diabète installé

On peut éviter le diabète même avec un taux de sucre au-dessus de la moyenne. Ce taux a plusieurs origines. L'une est l'utilisation permanente d'édulcorants (leurre!). Désorienté, l'organisme ne sait plus répartir et traiter le sucre, et il le stocke. Une autre est l'absorption d'une telle quantité de sucre que l'organisme n'arrive plus à fournir suffisamment d'insuline. La rééducation alimentaire consiste, comme pour les prédiabétiques, à stimuler le pancréas toutes les deux ou trois heures avec une petite quantité de sucre, du sucre qui donne beaucoup d'énergie, donc non raffiné : fruits secs ou crus. On frappe ainsi régulièrement, mais tout doucement, à la porte du pancréas afin de ne pas le brutaliser, mais en l'empêchant de s'endormir.

Pour ceux qui ne sont pas insulino-dépendants, je conseille des aliments pauvres en glucides : volaille, poisson, crustacés, coquillages, œufs, lait caillé, fromage, huiles, margarine.
- les artichauts, les asperges, les aubergines, le céleri, les champignons, les choux, le concombre, les courgettes, les haricots verts, la laitue, le navet, les olives, les poireaux, les tomates, contiennent de 5 à 15 % de glucides ;
- les carottes, 10 %;
- 150 g de melon ou de pastèque, 100 g d'agrume, un avocat, des fraises, des mangues, 80 g d'ananas, d'abricots, de pêches, de poires, de prunes, 40 g de banane et de raisin contiennent plus de 15 % de glucides.

Un pancréas se rééduque, tout comme un estomac et un intestin, quand la maladie n'est pas encore installée. En cas de diabète installé, si le pancréas ne fonctionne plus du tout, le recours à l'insuline s'impose. Le régime est alors plus libre, l'insuline servant de prothèse. Mais on doit continuer à vérifier régulièrement le sucre dans les urines. Cependant, il y a des aliments, des associations à faire, qui évitent un régime trop dur et permettent de manger un peu de tout.

L'hypertension

La cure de dix jours convient parfaitement aux hypertendus puisqu'on ne sale pas les aliments et qu'on supprime tous les excitants, comme le café. Pour avoir suivi mes patients tous les jours ou presque, en début de cure, j'ai souvent remarqué que la tension des hypertendus baissait doucement. Et je n'ai jamais vu une baisse de tension chez des hypotendus : les légumes, le lait et l'eau fournissent la ration de sel nécessaire.

L'obésité

Avec les obèses, je procède aussi par étapes. La première dure dix jours : 5 à 6 kilos partent rapidement, car ils ne sont pas très accrochés. Suit une étape d'un mois durant lequel on garde des éléments adéquats, ceux qui permettent de se retrouver avec tout le monde. La tête aussi a besoin de ce laps de temps pour enregistrer ce nouvel état et adopter une conduite différente. Au bout d'un mois, une fois ce poids bien consolidé, nouvelle étape de dix jours stricts : 5 à 6 kilos s'envolent encore. Rien d'étonnant : le corps fonctionne mieux et il a pris goût à sa nouvelle légèreté. Suit une nouvelle étape d'un mois durant laquelle on vit à peu près normalement, tout en observant une stricte hygiène alimentaire. Et ainsi de suite.

Chaque étape aura corrigé successivement les erreurs commises consciemment ou non. Au départ, du fait de la qualité des aliments pris par quantité très dosée, l'estomac sera moins exigeant. Les kilos perdus sans créer de manque n'auront pas provoqué de dettes et ne reviendront pas. Il y aura donc moins de demande. La seconde période, si elle est nécessaire, est entamée avec d'autant plus d'enthousiasme que l'on a retrouvé légèreté, mobilité, joie de « flotter » dans ses vêtements, et que l'on n'est plus inquiet à la perspective d'une fête gastronomique.

Parfois, le corps tente de résister. C'est surtout le cas si on l'a « forcé » à coups de médicaments, si on a accumulé des régimes et donc créé des manques. Ou encore pour des raisons psychologiques. Le désir de maigrir est parfois ambigu. Des actes manqués échappent à la raison. On voudrait se libérer de ses kilos mais, en même temps, ils protègent. Cette protection représente plusieurs choses, par exemple ce voile de deuil dont j'ai parlé, ou une ceinture de chasteté. Une jeune femme, qui avait pris 10 kilos après avoir été abandonnée par son mari, me disait ainsi : « Je ne supporte plus le regard des hommes. »

S'enrober de kilos est aussi une façon de se démarquer – surtout chez les adolescents –, d'affirmer son corps, de cacher son moi, une personnalité un peu singulière qui n'a pas pu se révéler. On peut s'enfermer dans une forteresse pour protéger ses secrets, éviter de livrer ses blessures. Mais cette forteresse si épaisse étouffe l'espace intérieur et la communication avec l'extérieur, au même titre que la maigreur induit une fragilité et une précarité.

Beaucoup tentent, renoncent, retentent, grossissent de nouveau, et finissent par se décourager. Mais si l'on est décidé et patient, on obtient obligatoirement des résultats notables. En procédant par étapes, on s'aperçoit que la Terre ne s'est pas arrêtée de tourner parce que l'on a perdu ces kilos prétextes, et quelques détails, même superficiels, encouragent : on est moins obnubilé par la nourriture, plus à l'aise dans ses vêtements. Il faut parfois plusieurs mois pour perdre 20 kilos, prendre conscience de son organisme et du fait que cet organisme est précieux.

Je constate que le corps finit toujours par céder, par rentrer dans le jeu et le droit chemin. Notre ordinateur retrouve son fonctionnement et répond, de nouveau, à un instinct de vie, de plaisir et de santé.

ET SI TOUT CONTRÔLE VOUS ÉCHAPPE ?

Vous avez « craqué ». Je ne connais personne à qui cela n'arrive pas un jour. L'existence offre tant de circonstances et d'occasions. Un changement de vie, le stress, des difficultés, un voyage, l'anxiété, la déprime... Ou, tout simplement, le plaisir du moment ou un désir d'abondance. Alors, on perd la tête et on se remplit, de nouveau, plus que de raison.

Je ne parle pas des écarts qui surviennent après un régime « terroriste ». On ne peut se contrôler, se priver sans cesse et vivre ainsi une double frustration, celle de son désir et celle de son besoin.

Je suis persuadée, pour l'avoir souvent constaté, qu'une fois l'organisme en bon état, si vous n'avez ni manque ni dette, vous pouvez satisfaire une envie ponctuelle. Je dirai même que vous *devez* la satisfaire. Elle correspond peut-être à un besoin. Satisfaire ses envies et ses besoins réactive l'instinct. Les envies gourmandes auxquelles on obéit pour le plaisir deviendront alors plus sélectives.

Je suis attentive à ceux qui affirment avoir besoin de sucre ou de fromage. Un effort physique, une période d'examen, une situation de crainte ou d'impuissance, une circonstance exceptionnelle peuvent réclamer un élément exceptionnel, donnent souvent envie de manger sucré, même si ce n'est pas sous la forme la plus souhaitable. Il faut l'entendre, l'interpréter, et, instinctivement, ajouter un peu de carburant. D'où l'importance de s'entendre.

Si les circonstances vous amènent devant des aliments inconnus ou méconnus, considérez la situation comme une expérience intéressante, une découverte. Mangez avec conscience, cela peut correspondre à un besoin non défini, un manque, une attirance, une curiosité. Il ne faut pas refuser un aliment imprévu ni se censurer.

Vous constaterez cependant qu'avec le temps vous perdrez de moins en moins souvent le contrôle de vous-même. Vous vous souviendrez, en effet, que l'excès satisfait pendant un court moment mais peut générer un malaise durable.

Si vous avez longtemps existé par un estomac qui s'est apparenté à un coffre-fort, ne le laissez pas trop longtemps vide. Il est préférable de faire des repas légers (pour ne pas déclencher à chaque fois un chambardement digestif) avec, dans l'intervalle, des collations, légères s'entend, pour la même raison. Un fruit frais que vous mâcherez avec délice, un fruit sec longuement sucé, de la compote... N'oubliez pas l'eau.

Personnellement, j'apprécie la tradition extrême-orientale qui consiste à s'accorder *de nombreuses pauses dans la journée, en variant les plats.* Il est agréable, surtout si l'on aime manger, de ponctuer sa journée de petits moments de détente, accompagnés d'éléments utiles et agréables : un fruit, un yaourt, un liquide frais ou chaud, suivant les saisons.

Si vous vous laissez aller, ne culpabilisez surtout pas. Dites-vous que, même rééduqué, même stabilisé, votre métabolisme peut faire des siennes et vous « surprendre ». Vous avez beau avoir modifié votre comportement, vous gardez le souvenir de vos anciennes habitudes. Un peu comme à la suite d'une fracture. Le temps l'a rectifiée mais les os restent fragiles. Un geste maladroit suffit à réveiller la douleur.

Ne considérez pas vos écarts comme une précipitation diabolique de votre organisme, mais comme un clin d'œil à vos anciennes habitudes. De temps en temps, faites-en un en accord avec vous-même, avec la complicité de votre organisme. C'est nécessaire. Désormais votre tête et votre corps sont tellement en harmonie que vous pouvez lâcher la bride. Tel un cavalier et son cheval qui seraient en forme et se connaîtraient bien. Ils trottent, galopent. À un moment donné, ils sentent une envie irrésistible de sauter une haie. S'ils s'entendent bien, s'ils ont compris leur besoin de sauter cette haie, ils le feront en toute conscience et s'en réjouiront. Mais après, ils ralentiront et souffleront.

Ne vous traitez pas de nul, d'incapable. Ne dites pas : « C'est fini. J'abandonne. » Ne craignez rien : vous n'avez pas perdu la bataille. Ce ne sont plus les anciennes et mauvaises habitudes – celles qui provoquaient mal à l'estomac, maladie, ou kilos superflus – qui vous ont poussé à manger. Ce n'est plus parce qu'un hôte indésirable vous habite. Non ! Vous vous êtes fait plaisir. Vous savez que la situation n'est pas irréversible. Désormais, vous pouvez la maîtriser, la rattraper. Vous savez rectifier le tir, revenir dans le droit chemin. Vous allez laisser souffler votre organisme, qui a été un peu bousculé par quelque chose de plus intense, de plus abondant qu'à l'ordinaire... avant de vous faire de nouveau plaisir, un peu plus tard !

Tâchez de ne pas accumuler les kilos. Vous devrez alors les nourrir et risquerez de tomber dans l'excès.

L'excès n'est pas abondance, mais dépassement du nécessaire vital. Excès = inconvénients. Excès = dégradation, désaffection, conséquences inconfortables et douloureuses pour vous et peut-être pour ceux qui vous entourent. À chacun de savoir jusqu'où aller. Le temps et l'expérience aidant, on apprend. Des petits signes ne trompent pas, écoutez-les. L'abondance, c'est plus de temps, plus de variations, plus de ce que le quotidien exige. Plus de réjouissance avant, pendant et après. L'abondance est un « plus ». L'excès est un « trop ».

Un kilo pris peut s'effacer le lendemain en une matinée de sagesse.

Un petit déjeuner avec jus de fruit et cacao au miel (voir recette p. 105), un déjeuner léger (repas lacté ou poisson)... et le tour est joué ! Autant d'aliments faciles à digérer qui laisseront votre organisme souffler après cette petite aventure que vous lui avez fait vivre. Si vous avez conscience que la sensation de faim est plus intense parce que, la veille, vous avez mangé plus riche, ce qui a excité vos sécrétions, vous vous abstiendrez de répondre à ce nouveau besoin.

Si 1 kilo peut s'effacer en une matinée de sagesse, 2 kilos demandent trois à quatre jours de contrainte, 3 kilos, une semaine de rétablissement. Cela vaut donc la peine, le lendemain d'un écart, malgré un appel de l'organisme, de reconduire gentiment ce dernier vers son nouveau rythme. Avec la perspective de renouveler ce moment.

CHAPITRE

8

DE LA BATAILLE CONTRE QUELQUES KILOS À LA BOULIMIE ET À L'ANOREXIE

L'équilibre personnel est intimement lié à l'enfance. Mais l'appétit affectif varie selon la personnalité. Chacun vit à sa manière les manques, les frustrations, les déceptions. Certains subliment, d'autres trouvent, très tôt ou plus tard, dans leur vie affective et leur environnement, suffisamment de « correspondance » pour s'apaiser. D'autres encore compensent. Ils ont besoin d'un substitut, de quelque chose qui remplace... Quand ils trouvent une compensation qui leur procure suffisamment de plaisir, ils l'adoptent. Il en est d'ailleurs ainsi dans l'éveil charnel, que je considère aussi nécessaire que la nourriture. On rattache un comportement à un objet ou à une circonstance, à la toute première sensation bouleversante que l'on a ressentie. Par la suite, on cherchera l'objet ou la circonstance qui ont provoqué cette sensation et cette émotion inhabituelles. Un fantasme, en quelque sorte.

Dès la naissance, la nourriture est un message, un moyen de signifier quelque chose. L'oralité est la première manifestation de la vie qu'on propose, qu'on impose à l'enfant. Elle sera aussi la première manifestation de sa personnalité, de sa liberté. Refuser un biberon ou l'accepter n'est pas anodin. Choisir ce que l'on met dans sa bouche, et non laisser choisir, est la façon la plus courante de manifester pour la toute première fois son indépendance.

Cela se confirme à l'adolescence. Des adolescents utiliseront, manifesteront leur besoin de liberté de façon parfois très « réactionnaire » dans le domaine alimentaire. Ces manifestations d'indépendance, très fréquentes et souvent très intenses, ont des conséquences souvent graves. Ils se mettent à dévorer tout ce qui est déconseillé ou interdit, ils refusent tout aliment pour se gaver ensuite de n'importe quoi, parce que la faim les tenaille. Ils dévorent de plus en plus. Et c'est la boulimie. Ou alors, et c'est encore plus douloureux, ils vomissent la nourriture imposée, conseillée, ou cessent tout simplement de s'alimenter. Et c'est l'anorexie.

Le rapport à la nourriture, rejet ou avidité, témoigne d'un inconfort, d'une grande souffrance, de problèmes irrésolus, de sentiments profonds et violents. Sans aller jusqu'à la boulimie ou à l'anorexie, de nombreuses personnes (des femmes surtout) entretiennent un rapport avec la nourriture qui leur fait alterner les régimes, elles luttent en permanence contre quelques kilos, réels ou pas, elles ne sont jamais satisfaites. Quant à la boulimie et l'anorexie vraies, les explications psychiatriques ne manquent pas. Personnellement, j'ai cru remarquer que ces attitudes extrêmes traduisaient un désir conscient, et parfois inconscient, de se protéger, de se démarquer de ce qui a été imposé jusqu'alors. De se démarquer parfois aussi de sa mère, de son père, ou des deux. Il est fréquent d'ailleurs que ceux-ci soient « hors du commun ». En tout cas, leurs enfants les considèrent ainsi et se sentent incapables d'accéder à un niveau trop élevé pour eux.

TOUJOURS QUELQUES KILOS DE TROP

Certaines femmes luttent à longueur de temps contre les kilos. Je ne veux pas « grossir » les affirmations pessimistes de ceux qui affirment qu'il est rarissime de parvenir à un poids « convenable », ni cautionner la pesante culpabilisation que la mode et les médias imposent à nos contemporains. Ce pilonnage incessant parvient à convaincre une personne – que quelques petits kilos ne gênaient absolument pas pour vivre et bien vivre – qu'elle est monstrueuse. Vouloir mincir et maintenir son poids est une question de décision plus que de volonté. Certaines réussissent ce qu'elles ont décidé, sans dettes ni dommages, se trouvent bien du matin au soir et du soir au matin, mobiles dans leurs activités et leurs vêtements, maîtresses de leurs plaisirs sans pénitence, joyeuses de quelques désirs « clins d'œil » gastronomiques, sachant rétablir aussitôt leur « assiette »... Comment ne pas croire qu'il est possible de conserver ce bien-être ? À moins que... le problème de poids ne soit un bouc émissaire qui permette de parler de soi, de consulter, d'entamer des régimes et de se lamenter si on échoue, d'avoir un sujet de conversation parce que tout le monde en parle, alors que très souvent d'autres problèmes plus intimes, plus personnels, se cachent, moins définis et moins exprimables.

Il est vrai aussi que j'ai souvent vu un bouleversement étonnant chez ceux qui avaient renoncé à leur bouée de sauvetage, que ce soit vis-à-vis de la nourriture, du tabac, de l'alcool ou de la drogue. D'aucuns prétendent que la « bouffe » est leur seul plaisir. Elle est bien sûr un plaisir vital, primordial, mais qui ne doit pas étouffer les autres plaisirs sensoriels.

Je me souviens d'une jeune femme, Sophie, dont la mère était très belle et très soucieuse de sa beauté. La petite fille l'adorait, l'admirait, mais, devant tant de beauté, par réaction ou opposition, elle s'est mise à grossir. À l'adolescence, elle était déjà trop ronde. Sa maman lui a dit alors : « Sophie, tu es jolie mais un peu trop forte. C'est dommage. J'ai entendu parler d'un médecin spécialisé dans l'amaigrissement. Tu devrais aller le voir. » Sophie, obéissante, ayant enfin attiré l'attention de sa mère, s'en est allée consulter. Le médecin lui a conseillé une cure, d'où elle est revenue délestée de quelques kilos. Sa maman la complimente mais ne la regarde de nouveau qu'après qu'elle a regrossi de 5 à 6 kilos. Pour Sophie, le cycle infernal reprend alors pendant plusieurs années : médecin, cure, médecin, cure...

Quand j'ai vu Sophie pour la première fois, elle avait vingt ans. Elle était ravissante, intelligente et attachante, mais dans un état épouvantable : 25 kilos de trop sur un petit gabarit, une peau très abîmée, des vergetures partout.

Cette fois-là, elle venait vers moi d'elle-même, prenait enfin sa vie en main. Un déclic s'était produit. Décidée, elle m'a dit : « Je veux faire quelque chose maintenant. Je mettrai le temps

qu'il faut. » Nous nous sommes donné neuf mois. Neuf mois pour se refaire, comme il avait fallu neuf mois pour la faire.
Au bout de ce laps de temps, Sophie avait perdu ses kilos superflus et pris conscience de son corps. Elle a quitté le domicile de sa mère, est partie habiter ailleurs. Elle a donc cessé d'être en permanence face à un miroir qui lui semblait inaccessible. Elle a retrouvé son âme, son indépendance, sa raison d'être, sa vie à elle. Un traumatisme subsistait : sa peau, très abîmée car fragilisée comme, parfois, après une grossesse. Sophie a fait beaucoup de sport, a pris du muscle. Du coup, ses vergetures se sont transformées en petits traits brillants, indélébiles mais très acceptables.
Sa mère, elle, a fait un psoriasis géant..

Boulimie et anorexie surviennent surtout à l'adolescence, étape fort douloureuse, puisque c'est celle où l'on est écartelé entre l'enfance et l'âge adulte, où l'on souhaite, tout à la fois, dépendance et indépendance. On devient un être à part entière et séparé. On est de plus en plus concerné par la vie mais on ignore encore sa part, sa place. Les jeunes filles sont plus nombreuses à avoir des réactions vis-à-vis de la nourriture. Elles sont matures plus tôt, deviennent plus vite adultes et beaucoup vivent mal leur corps, refusent leurs formes. Elles ne peuvent définir ce qu'elles attendent de ce corps de femme qui bouleverse leur paysage d'enfance.

Trop manger ou ne pas manger devient leur étendard. Dans leur existence, c'est l'événement le plus intense. D'une certaine façon, elles cherchent à prolonger leur état. Elles parlent nourriture, elles racontent : « J'ai trop mangé, j'ai vomi, j'ai oublié de manger... » à défaut de pouvoir parler autrement de leur corps, parce qu'elles ne le connaissent pas, ou mal, qu'elles le rejettent.

C'est avec les boulimiques et les anorexiques que je rencontre les plus grandes difficultés : le désaccord est grand entre le corps et la cérébralité. Le travail sera plus long. La patience est de mise.

LA BOULIMIE

Deux jeunes filles, Tania et Olivia, entrent dans une boulangerie-pâtisserie. Tania accumule aujourd'hui les déboires. Son ami n'est pas venu à leur rendez-vous, elle doit repasser un examen et, de ce fait, elle est privée de week-end. Olivia n'a pas de raison particulière d'entrer dans la boulangerie, sinon une envie irrépressible de manger. Toutes deux contemplent gâteaux et sandwichs, et entrent dans la boutique. Elles font toutes les deux une crise de boulimie, mais Tania a commis un acte exceptionnel et isolé, la voilà calmée et prête à affronter ses ennuis. Olivia, elle, a un comportement qui relève de la maladie. Pour Tania comme pour 90 % des femmes, il s'agit d'une compensation. La consolation de la déception. Bien sûr, le gâteau n'a pas résolu le problème, mais le rétablissement sera aisé. Pour Olivia, le tableau est un peu plus sombre. C'est une vraie obsédée de la nourriture, qui ne connaît ni la faim ni la satiété. C'est son secret. Elle a honte, très honte, chaque prise de nourriture s'accompagne de dégoût et de désespoir. Elle se lève la nuit, censurant tout raisonnement, cherche fébrilement tout ce qu'elle pourra mettre dans sa bouche et retourne se coucher, l'estomac terriblement douloureux. D'ailleurs personne ne soupçonne son comportement. Elle est aux yeux de tous mince, belle, intelligente. Si elle trouve les mots pour s'exprimer et une écoute bienveillante, elle est sur la voie du salut. La route sera longue.

Beaucoup de gens se croient boulimiques parce qu'ils ne peuvent s'empêcher de se jeter, de temps en temps, sur la nourriture et de dévorer avec voracité. Parmi eux, certains opèrent un « rattrapage » pour s'être trop privés et frustrés de nourriture. Soit après un régime trop draconien, soit, le soir, parce qu'ils n'ont pas assez mangé dans la journée, notamment au petit déjeuner. Ils ont accumulé des dettes et ils meurent de faim. Le corps réclame brutalement son dû. La tête et le corps, fatigués, ne résistent pas aux exigences de l'hypothalamus, et puisqu'on a « expié » toute la journée, on se laisse aller. On mange n'importe quoi. Tout ce qui va, le plus rapidement possible, calmer cette faim angoissante. On règle l'ardoise de la journée et le pauvre organisme devra encaisser une lourde digestion qui compromettra le sommeil. Le réveil et la journée suivante risquent d'être, eux aussi, négatifs, et ainsi de suite

Les vrais boulimiques se remplissent de tout et de n'importe quoi. De cassoulet froid en boîte ou de restes de nouilles. Mais, le plus souvent, ils se jettent sur des aliments sucrés, séduisants, qu'ils veulent s'approprier pour se faire plaisir, se consoler. Se remplir d'aliments est une manière de sentir son corps. Sentir, c'est exister. On se remplit à défaut d'obtenir des autres, de la vie, les joies que l'on souhaite. Quand on vit un moment difficile, pas forcément grave, quand le corps n'est pas « utilisé », qu'il ne vit pas de jubilation cérébrale, charnelle, intellectuelle, la nourriture est un moyen de se procurer des sensations et des satisfactions. L'accumulation rassure. On se raccroche, on se remplit de quelque chose de concret, de tangible. Après, viennent souvent le malaise et le remords. Certains se font vomir, d'autres se punissent.

À ces excès et leurs conséquences sur la santé succèdent en prime le remords, la culpabilité et l'angoisse d'« après ». Cela tient à notre code moral, à notre société, à notre éducation, qui excluent le plaisir. Le plaisir est un péché. L'angoisse fait partie de la pénitence. Et le remords aussi, qui nous permettra de recommencer. Si nous étions en paix avec notre conscience, le plaisir nous apporterait la sérénité, puisqu'il est prévu dans tous les organes sensoriels. J'estime, personnellement, que c'est un devoir de se faire plaisir. Un plaisir pur, sans punition ni pénitence. « Son » plaisir, pas forcément celui de la société de consommation qui cherche à définir ce qui est censé faire notre bonheur.

Certains boulimiques entreprennent un travail psychologique. Pourquoi pas ? Il est utile et intéressant de plonger en soi, de chercher à comprendre, de s'analyser, de mieux se connaître, de se rendre compte du pourquoi de ses actes, de ses échecs et de ses comportements répétitifs. Savoir permet d'assumer à ceux qui, je crois, sont motivés et prêts à changer leurs manières de voir.

On pourrait penser qu'en grandissant, on doit pouvoir faire face de mieux en mieux. Certes ! Je pense néanmoins qu'il faut s'attendre, à vie, à ce que, dans une situation imprévue, redoutable ou stressante, on soit de nouveau confronté à un comportement boulimique, qui, par définition, échappe complètement à la raison et n'obéit pas à la volonté. Mais, si on ne guérit peut-être jamais, on peut, du moins, supprimer ou limiter les inconvénients de la compulsion alimentaire : l'angoisse, le remords, le poids et, parfois, les maladies. Je crois possible de maîtriser, d'éloigner cette forme de fétichisme. Une ambiguïté demeure néanmoins. D'un côté, on a le désir d'en finir avec cette mauvaise habitude qui a généralement des conséquences sur l'apparence. Mais, de l'autre, on a peine à se séparer d'une habitude qui a longtemps été source de sensations agréables et a été un moyen de supporter les étapes difficiles de l'existence. Il en est ainsi du tabac, de l'alcool et de toutes sortes de dépendances.

La plupart des boulimiques sont pourtant rationnels, intelligents et se maîtrisent dans maints domaines de leur existence. Ils se rendent bien compte que dévorer n'est pas la solution. Leur problème ne se règlera pas de façon mécanique ; mais si, un jour, ils ne sautent qu'une haie et se rétablissent, c'est déjà formidable.

Psychisme et physiologie, tête et corps, sont inséparables. Les comportements compulsifs traduisent une insatisfaction, une incompréhension au plus profond de soi. On a besoin, à ce moment-là, de quelque chose de sensoriel, de charnel, de concret qui donne la sensation d'exister, et il est facile de réaliser ce souhait en entrant dans une pâtisserie, en voyant, en choisissant, en devenant cet objet de désir en le mangeant.

Je sais par expérience qu'il y a des rechutes. Mon espoir est qu'on puisse se reprendre. Imaginez que vous ayez longtemps vécu avec quelque chose ou quelqu'un et que vous décidiez de vous en éloigner, parce qu'il a beau vous apporter des satisfactions, il vous fait mal, il vous nuit. Vous aurez de temps en temps la curiosité de le retrouver, parce qu'on garde toujours le souvenir de ce qui vous a tenu compagnie dans un moment difficile.

De plus en plus, je suis convaincue qu'à certains moments on ressent non pas des pulsions, mais des instincts et des attirances vers certains aliments. Je pense notamment au chocolat. Si cette attirance ne nuit pas, il faut aller vers ces aliments fétiches, se laisser aller, se débrider. Sans culpabilité ni sanction. La cigarette et l'alcool sont profondément nocifs pour l'organisme. La nourriture, non. Elle réunit tous les plaisirs à la fois, c'est la vie.

Reprenons ce cheval et son cavalier qui, ensemble, sautent une haie, puis ralentissent. Si, un jour, vous dépassez les bornes, essayez de mettre votre organisme au repos, de retrouver un équilibre. Vous savez qu'à force de manger votre estomac se dilate et que, plus il est dilaté, plus il exige. Eh bien, essayez de vous entendre avec lui.

Les crises s'espaceront aussi si vous réfléchissez à leur origine. Vous constaterez que, bien souvent, vous vous ruez dans une pâtisserie parce que vous êtes parti, le matin, sans carburant. Si vous cédez à votre envie, c'est par manque de sucre, donc d'énergie. Ce manque d'énergie peut devenir angoisse, qu'apaisera le côté consolateur du sucré.

Si vous suivez certaines règles alimentaires, si vous n'avez ni manque ni dette, si vous vous nourrissez de bons sucres, si vous avez des kilos en quantité raisonnable, les compulsions se feront plus rares. Et le jour où vous aurez décidé de dépasser la raison en prenant plusieurs gâteaux, écoutez la réponse de votre corps. Il approuvera ou vous le reprochera.

Je souhaite que les boulimiques prennent conscience de leur corps, parviennent à l'aimer, à l'utiliser, trouvent un moyen de le satisfaire, de lui donner du plaisir autrement qu'en le remplissant. Les moyens sont infinis. Pour les uns, ce sera une activité quelconque : danser, nager, marcher, chanter… Pour d'autres, être amoureux. Exister par une autre activité, une autre préoccupation, une création qui implique le corps et la tête, une autre manière de se faire plaisir… là est la guérison. L'organisme fabrique alors des endorphines. Et on oubliera, autant que faire se peut, ce « remède » systématique qui est de manger plus que de raison dès que surgit quelque chose de difficile, d'inquiétant.

Je pense qu'on peut vivre avec tous les péchés capitaux, et ne nuire ni à soi ni à autrui. Je dis bien *tous* les péchés capitaux, car je pense que tous, l'orgueil, l'avarice, la gourmandise, la luxure, la colère, l'envie, la paresse peuvent se transformer, se canaliser, devenir positifs et « vertueux ». L'avarice peut devenir contraire de gaspillage, l'envie peut se convertir en stimulation, la gourmandise, en hommage à la vie, la luxure, en un bienheureux érotisme, la paresse, en réflexion, méditation. L'orgueil peut ressembler à une haute opinion de soi.

Je me souviens d'une vraie boulimique, une comédienne qui se faisait vomir après chaque prise pantagruélique. Nous avons cheminé un temps ensemble et effectué un travail très intéressant. Lorsque ses crises survenaient, elle cherchait à en comprendre le pourquoi et arrivait à manger ce que nous étions convenues. Un jour, triomphante, elle m'a téléphoné pour m'annoncer : « Ça y est, c'est formidable, je n'ai pas eu de crise depuis six mois ! C'est fini, je suis guérie. »
Le lendemain matin, j'apprenais par son agent qu'elle s'était relevée pendant la nuit pour se préparer de la crème Chantilly avec un batteur. Elle avait léché l'appareil sans le débrancher. La lèvre très entamée, on l'avait emmenée à l'hôpital.
Six mois sans crise... Elle venait de tourner un film sans cette obsession, cette hantise, ce blocage. Sa boulimie créait une telle angoisse qu'elle l'empêchait d'agir. Cette jeune femme pensait vraiment être guérie. Elle avait osé le dire. Que s'est-il passé, la nuit, dans son subconscient ? Il est tentant de penser à une auto-punition. Je me suis alors souvenue qu'elle m'avait dit : « C'est fini », comme si elle renonçait à une partie d'elle-même. Comme si elle m'annonçait qu'elle se séparait définitivement de quelqu'un.

L'ANOREXIE

Je n'ai pas rencontré d'anorexiques dans des pays comme le Brésil, où les gens sont très instinctifs. Là-bas, les toutes jeunes filles sont déjà adultes. Dans nos civilisations, ce sont encore de petites filles. On ne les prépare pas à devenir femmes. La puberté, la mise en route du système hormonal leur échappe, les effraie. Elles ont des pulsions, sentent le regard des autres, en particulier des hommes, notamment celui du père, du frère. Elles y lisent quelque chose d'étrange qui les gêne, provoque un recul de leur part. Inconsciemment, elles refusent d'être femmes, elles refusent ces formes féminines qui déclenchent des réactions qu'elles ne maîtrisent pas, ne supportent pas, ne comprennent pas.

En se privant, en pleine croissance, de nourriture, les anorexiques brisent la communication qui existe entre le corps – qui, lui, a sans cesse des besoins – et la tête, qui exécute le geste. Elles anéantissent les deux besoins fondamentaux de l'être humain, qui sont, quelles que soient les mœurs et la culture : survivre et se reproduire. Elles ne les satisfont plus, n'ont plus envie de les pratiquer. En général, elles sont chastes. Elles ont rompu avec la sensorialité, ont censuré tout besoin, toute aspiration, tout élan qui implique l'un des sens.

Il arrivera un moment où leur corps ne demandera plus rien. Libérées, allégées des appels du corps, ces jeunes filles se tourneront de plus en plus vers les choses de l'esprit. Leur tête sera complètement disponible. La plupart compensent intellectuellement. Mais l'anorexie peut aller jusqu'au blocage des fonctions, même jusqu'à la « fracture » cérébrale (l'épilepsie).

Le cas des anorexiques m'est infiniment douloureux. J'aime tellement transformer une gourmande en gourmet, en une personne qui jouit de la nourriture sans remords ni pénitence, avant, pendant et après un repas. J'éprouve un bonheur intense à faire retrouver aux anorexiques leurs besoins, leur sensorialité, leur sensualité. Mais c'est rare, trop rare. Quelques réussites, en tout cas sans récidive jusqu'à aujourd'hui, m'encouragent : quelques-unes de ces jeunes femmes, que j'ai connues adolescentes il y a dix à quinze ans, et que je revois régulièrement par amitié. C'est vrai que leur guérison me semble un peu miraculeuse.

> L'une d'elle s'appelle Nathalie.
> Voici la lettre que m'a adressée, un jour, cette jeune anorexique, lorsqu'elle avait dix-huit ans :
> « Puisque je ne peux pas le DIRE, je peux essayer d'écrire ce que je ne peux formuler correctement. Mais tout est si embrouillé, il n'y aura ni commencement ni fin, juste quelques images qui, parce que je les aurai écrites, seront moins floues. Je pourrai les lire et les faire lire.
> « PLAN LARGE : MOI À DIX ANS DANS LA SALLE DE BAINS. Je ne suis pas sûre d'être une fille. Je doute, comme si le corps

> pouvait tromper, trahir. Ma tête s'est fabriqué un personnage, un double qui sait "bouger". Il est souple, élastique, subtil, léger, "évite les obstacles". Moi, je suis lourde, pataude, je ne sais plus marcher sans heurter portes et tables. L'autre sait tout faire. Moi, je ne fais plus rien. Je ne bouge plus. J'enrobe mon corps, je vais me noyer sous les kilos, disparaître. Je supprime les accords des adjectifs quand je parle de moi. Je ne mets plus de *e*.
> « Je viens vous voir parce que je ne suis pas sûre d'être une femme. Une femme... Même ce mot-là, je n'aime ni le dire ni l'écrire. Maigrir, pour moi, c'est "voir ce qu'il y a en dessous". Être mince, c'est pouvoir "flotter", quitter la lourdeur, et surtout, ne plus douter de moi. Le corps du dessus doit sûrement être différent de celui que j'ai inventé, celui d'une héroïne fantastique. Si j'ai des rechutes, c'est parce que je ne suis pas sûre de ce qu'il y a en dessous. Que l'on peut être humainement bête ! »
> Signé : « Pauvre Nathalie trouillarde ».

Cette lettre est significative. Chaque ligne souligne la difficulté de cette jeune fille à assumer son corps ainsi que sa dualité : son souhait de vivre avec son corps, mais, en même temps, sa crainte. Pour mieux l'aider, j'ai négligé la peur et me suis accrochée au souhait.

Cette Nathalie était la fille d'un ethnologue fort brillant et fort réputé pour ses nombreux travaux. Il était complètement désemparé devant sa fille. Il faut dire que les anorexiques font pitié, personne n'ose les contrarier. Elles deviennent de petites choses. Catastrophé par leur autodestruction, l'entourage ne sait plus comment prendre ces êtres « sous- » ou « surnaturels ». Les enfants se retrouvent en situation de « privilégiés ». Une façon de séduire autrement, puisque étymologiquement, séduire, c'est être à part, avoir plus d'importance que les autres.

> Un jour, dans un grand magasin, en compagnie de son père, Nathalie avait eu un malaise. Un peu comme un fait exprès, comme si elle cherchait le spectaculaire. On s'est pressé autour d'elle, on a appelé une ambulance. Elle a mobilisé son entourage. C'est par son « psy » qui me la confiait que je fis sa connaissance.

Tout le monde la suppliait de manger, elle refusait. Au début, elle allait de temps en temps en cachette s'acheter des paquets de gâteaux. Puis elle a cessé de manger. Nathalie ne définissait pas ses problèmes, c'était sa manière de les subir. J'ai fait quelques hypothèses à partir de ses confidences. Son anorexie lui permettait, inconsciemment bien sûr, de se distinguer, de se faire prendre en considération par son père, très occupé, et par sa mère, elle-même un peu délaissée par le père. Inconsciemment, celle-ci avait aussi sa façon de réclamer la présence de son mari. Elle était revendicatrice et gémissante.

Comme presque toujours avec les anorexiques, Nathalie n'a accepté de coopérer que pour ne pas être hospitalisée. Elle savait que c'était ce qui l'attendait si elle « tombait » au-dessous d'un certain poids. Avec tout ce que cela signifie de douloureux, comme les perfusions. Nathalie n'est pas venue me voir pour grossir, mais pour savoir quelle dose minimum de nourriture lui permettrait de maintenir son poids.

Peu après notre première rencontre, nous nous sommes revues en dehors de nos rendez-vous professionnels, simplement pour le plaisir de partager un repas. En fait, je cherchais à gagner du temps. Du temps sur la mort. Il ne faut pas avoir peur de le dire. Renoncer à toute nourriture, ne plus donner d'ordre à son corps, aboutit à une issue fatale.

Nathalie mangeait peu, mais elle était là, bien présente. Au début, nous parlions de tout, sauf de son corps. Je ne faisais jamais de remarques sur sa maigreur, son apparence, ses os qui pointaient. Je n'ai jamais souligné combien c'était effrayant. Le problème du poids passait au deuxième plan. Nous ne parlions pas alimentation, mais sensualité, sensorialité, sentiments. Nous parlions de la beauté en général, de la beauté de la nature, par exemple. Son potentiel et sa capacité de vie m'inspiraient. D'ailleurs, ce sont toujours ceux que j'aide qui m'inspirent. Je continuais de temps en temps à vérifier son poids, mais sans commentaires moralisateurs. Elle me laissait faire, sans m'interroger. Du temps a passé. Un jour, elle m'a demandé : « Je pèse combien ? » Du temps a encore passé. Elle a pris 1 kilo, puis un autre, puis encore un autre. Nous en plaisantions.

Nous nous sommes séparées un temps : elle partait en vacances, moi, à l'étranger. Quand nous nous sommes retrouvées, elle avait 5 kilos de plus. Je n'ai fait aucun commentaire. C'est elle qui m'a annoncé : « J'ai pris 5 kilos. Je dois absolument les perdre, je ne rentre plus dans mes vêtements, je me trouve trop grosse ! » Comme elle abordait son problème différemment, j'ai abondé dans son sens. Nous avons parlé de son alimentation. Elle travaillait beaucoup et mangeait un peu n'importe quoi. Elle a entrepris une cure de dix jours. Pendant cette période, nous nous sommes vues régulièrement. Elle faisait un drame au moindre écart, se dénigrait. En fait, elle cherchait un apaisement.

J'ai suivi Nathalie pendant cinq ans et je l'ai vue peu à peu sortir de son enfermement. La nourriture lui fait toujours souci. Mais, désormais, elle redoute de retomber dans l'anorexie. C'est pour cela que je la considère comme guérie. Le lien que nous avons tissé a-t-il contribué à sa guérison – elle n'avait rien à me démontrer ? Je l'ignore. Je l'espère.

Nous nous sommes revues récemment. Je lui ai demandé, après ces années de recul, ce qui l'avait sauvée. « L'amour de ceux qui m'entourent », m'a-t-elle répondu.

CHAPITRE

9

LA NOURRITURE ET LES ÉTAPES DE LA VIE

Il faudrait que la gériatrie et la pédiatrie soient associées. Ce n'est pas à quatre-vingts ans, quand on va mal, qu'il faut adopter de bonnes habitudes alimentaires, même s'il n'est jamais trop tard pour bien faire. C'est dès la naissance qu'il faut les apprendre et les garder. Que dis-je, à la naissance ! Les règles alimentaires sont enregistrées dès la vie *in utero* et elles sont valables jusqu'aux derniers jours de l'existence.

L'ALIMENTATION DE LA FEMME ENCEINTE ET DE LA JEUNE MÈRE

Tous les enfants « collaborent » à leur propre élaboration. Certains arrivent sur Terre en pleine forme. D'autres, hélas ! naissent avec une mystérieuse anomalie, ou avec un foie ou un pancréas fragilisés par l'hérédité. Raison de plus pour leur offrir un maximum de chances, leur constituer un capital santé avec tous les moyens de l'instinct et du savoir.

Pendant les neuf mois de gestation, la plus belle dot qu'une femme puisse offrir à son enfant, le capital le plus extraordinaire qu'elle puisse lui donner, est la santé. La mère peut être une merveilleuse messagère. Elle transmet tout à son « locataire ». Très tôt, le fœtus a une perception matérielle et sensorielle de la vie. La nourriture passe par le cordon et le placenta et transmet au fœtus des informations primordiales. On s'est aperçu que les envies et les répulsions alimentaires des futures mamans se retrouvaient chez leur bébé. Puisque l'on constate que le fœtus reçoit les nuisances comme l'alcool, la nicotine, la drogue et certains médicaments, pourquoi ne percevrait-il pas le bon ?

J'ai un parti pris féroce contre tout excitant, café, tabac, et aussi vis-à-vis de l'alcool. Sans doute les fumeuses ignorent-elles les répercussions déplorables de leur habitude sur leur bébé. Je suis sûre que si elles les connaissaient, elles s'arrêteraient de fumer, en procédant à des journées de désintoxication où, tout en éliminant un maximum de nicotine grâce aux liquides, elles recevraient des éléments dynamisants qui procurent du bien-être. Je fais tout mon possible pour convaincre les futures mamans de bannir la cigarette pendant leur grossesse avec l'espoir que, une fois né, l'enfant n'aura pas à respirer cette pollution supplémentaire. En effet, 80 % des méfaits de la fumée sont absorbés par l'entourage, qui devient fumeur passif.

En ce qui concerne l'alcool, il n'y a aucun risque à boire un verre de très bon vin. Rappelons néanmoins qu'une femme est alcoolique avec un 1/2 l de vin par jour. J'estime donc qu'il faut en réduire au maximum la consommation afin de garder la possibilité, dans une circonstance extraordinaire, de s'offrir le plaisir d'une coupe de champagne ou d'un verre de très bon vin.

Le café, les autres excitants et les tranquillisants passent eux aussi dans le sang. Ils sont donc à éviter.

Je recommande à la future maman d'être très attentive à son alimentation, de respecter avec ferveur la quantité de vitamines et de sels minéraux indispensables. Pourquoi avec ferveur ? Imaginez un enfant qui irait se servir dans les placards de sa mère pour dénicher le maximum d'éléments favorables. Plus il aura le choix entre des aliments sains, plus il bénéficiera de leurs vertus. Le fœtus a besoin de tous les éléments pour se développer harmonieusement.

Pendant sa grossesse, la maman devrait penser à son alimentation pour l'« après ». Il me semble très important en effet qu'une fois qu'elle se sera délectée, qu'elle aura joui – en tout cas, je l'espère pour elle – de son état de gestatrice et de nourrice, elle retrouve vite son corps de femme et d'amante. C'est pourquoi je conseille de ne pas prendre plus de 10 kilos durant une grossesse. C'est tout à fait possible, quelle que soit la constitution.

Les trois premiers mois de la grossesse

Il y a peu de changements dans l'alimentation si la future maman a été une jeune femme attentive à sa santé, si son poids correspond à sa nature et à son bien-être, si elle n'éprouve pas les quelques inconforts des premiers temps de la grossesse. Ceux-ci sont liés à un phénomène hormonal – parfois appelé d'un terme inadéquat et « méchant » : l'intoxication de la grossesse –, qui se manifeste par des nausées dues à des sécrétions trop importantes au niveau de l'estomac puis, souvent, par des vomissements.

Trois kilos sont pris naturellement, rapidement ou progressivement. Certaines femmes les étalent sur trois mois, d'autres ne grossissent que le premier ou le troisième mois. Ces kilos correspondent au poids de la « préparation » de l'enfant. Le futur humain constitue son intendance, prépare son viatique en puisant dans les réserves de sa mère. Celle-ci ne doit pas manger pour deux, comme le conseillait un vieil adage au temps où une femme passait irrémédiablement de l'état d'amante à celui de matrone, et cela, souvent définitivement.

J'insiste beaucoup, les trois premiers mois, sur la variété et le naturel. Peut-être la femme enceinte variera-t-elle plus les fruits et légumes de manière à assurer la subtilité des éléments différents qu'elle propose à son futur enfant. Bref, elle garnit mieux ses petits placards intérieurs afin d'assurer un meilleur « libre-service » au nouveau consommateur.

Voici ce que je préconise.
Le ***petit déjeuner*** consistera en un verre d'eau, un jus de fruits frais et un laitage sucré au miel, avec ou sans céréales. En cas de ***nausées***, prendre le petit déjeuner au lit. La future maman n'a alors généralement pas envie de boire cette eau si précieuse du matin, ces jus de fruits si recommandables que je préconise à tout crin. Il ne faut pas se forcer. Elle a intérêt à commencer la journée par du solide (biscottes, pain grillé,

céréales) qui neutralise les sécrétions, et par remplacer le jus de fruits par une pomme.
Les repas seront peu copieux mais relayés par des ***collations*** (un fruit en jus, entier ou en compote, ou bien un laitage) en milieu de matinée et d'après-midi. Ceci est d'ailleurs souhaitable pendant toute la grossesse.
Le ***déjeuner*** se composera de légumes cuits, d'une viande ou d'un poisson, et d'un laitage : crème au caramel, ou semoule, ou yaourt au miel, ou fromage blanc au miel.
Quant au ***dîner***, le menu peut être le même que celui du midi, mais la ration sera plus petite.

Ces trois premiers mois sont fondamentaux. Une fois le placenta constitué pour de bon, même si la maman diminuait considérablement son alimentation, le fœtus serait préservé jusqu'à sa venue au monde : il pomperait les ressources maternelles. Mais la maman, elle, se retrouverait avec des manques.

Il faut plus que jamais vérifier la qualité des aliments et être très prudent avec ceux qui peuvent provoquer des intoxications : viande crue et coquillages crus. Si la grossesse a débuté avec quelques kilos de trop, il est tout à fait possible d'appliquer à tout moment la cure des dix jours que je propose. Aucune carence n'est à craindre. Il n'existe aucune contre-indication à ces journées d'élimination. Elles ne présentent aucun danger. Au contraire, puisqu'elles dépouillent l'organisme des toxines, des éléments grossissants, et qu'elles améliorent les échanges. On fera ces journées d'élimination au gré des besoins et des circonstances. J'ai connu des femmes qui grossissaient plus qu'il n'était souhaitable, par suite de traitements hormonaux. Une journée d'élimination de temps en temps, et elles se sont retrouvées, en fin de grossesse, plus minces qu'au début. Je cite là une situation extrême. Il n'empêche que la journée d'élimination aide un organisme ralenti par des kilos et des toxines, ou psychologiquement moins à l'aise, à mieux fonctionner. En outre, s'allonger, se reposer, se mettre dans une ambiance de tranquillité, de quiétude, et se faire plaisir ne peut qu'être bénéfique.

Pendant la grossesse, les fonctions ralentissent et des troubles intestinaux peuvent apparaître. Peu de diarrhées, plutôt des constipations qui sont simples à corriger avec des aliments qui assurent un bon péristaltisme (le mouvement de l'intestin), comme des pruneaux et des légumes verts. Des fibres, en général.

Pour celles qui sont obligées de rester allongées, il est souhaitable, pour leur confort, de modifier l'apport calorique et de favoriser la digestion par des aliments faciles à assimiler. Elles seront plus attentives à ce qui fait grossir, comme toute personne obligée de garder le lit. Il faut éliminer le plus possible les calories graisseuses, difficiles à brûler, préférer l'huile au beurre, éviter les éléments contenant trop de matières grasses animales. Mieux vaut aussi des pommes de terre à la vapeur qu'en purée et des aliments nécessaires à un bon état général, comme les laitages, notamment le lait écrémé, les yaourts et le fromage frais.

■ *Du troisième au sixième mois de grossesse*

C'est une période plus équilibrée, les malaises éventuels ont disparu. La grossesse est plus standard. Le « locataire » est déjà installé dans la place, il a pris possession de son espace. On le sent de plus en plus. Trois autres kilos seront pris tout naturellement.

Le plaisir de la gestation ne doit pas faire oublier la prudence alimentaire. Il faut continuer à éliminer ce qui est nocif pour la mère et l'enfant, manger sain, gai et varié. On peut rester sur la lancée des trois premiers mois. Le poids doit être surveillé sans angoisse. En cas de dépassement, il y a toujours le recours à la cure des trois jours, ou plus si nécessaire.

Puisqu'on a déjà constitué ses réserves, on peut parfois se laisser aller un peu. Si, pour le bien de l'enfant, on s'est forcé à manger des choses que l'on apprécie moyennement, on peut retrouver sous une autre forme les éléments satisfaisants. Ainsi, si la nécessité de réduire les graisses s'est imposée, le résultat obtenu permettra de remplacer les laitages maigres par des repas de « vrais » fromages. Un joli plat de légumes (haricots verts en salade, ratatouille, artichauts, asperges, etc.), suivi d'un délicieux fromage, éventuellement accompagné d'un peu de très bon pain et d'un très bon verre de vin, ne ressemble pas à une pénitence.

■ *Du sixième au neuvième mois de grossesse*

Les trois derniers mois, la vigilance reste de mise. Cette période correspond à l'épanouissement du « chef-d'œuvre ». Celui-ci est désormais très présent. Il construit son squelette, s'ossifie. Il demande donc beaucoup de calcium. Il faut énormément insister sur cet élément qui nourrit les os et agit aussi sur les nerfs de la mère et de son locataire.

Tant que le bébé est dans le ventre de sa mère, si présent et imposant soit-il, il ne se manifeste pas par des cris et des exigences. Une fois l'enfant né, les nerfs de la maman sont mis à l'épreuve. Or le calcium neutralise la nervosité. Je pense ainsi que le baby-blues, cette période de mélancolie qui survient quelques jours après l'accouchement, est largement dû à un manque de calcium. La mère est fatiguée, ses défenses nerveuses sont diminuées. Elle vit son environnement de façon exacerbée, agressive. Les cris de son bébé lui deviennent insupportables. N'ayant pas d'élément modérateur, elle les entend amplifiés.

Il faut compenser les demandes du fœtus par un apport plus important en laitages. Les trois derniers mois de grossesse, on peut dépasser les trois doses quotidiennes de calcium que je conseille (à vie) pour tout le monde. Sous quelle forme? Le plaisir aidant l'imagination, je pense à des plats agréables: un dessert lacté, genre crème caramel, des gratins avec une béchamel, une purée de légumes avec deux cuillerées de lait en poudre écrémé. Cela ne fait pas grossir puisqu'on n'augmente pas la ration de lipides.

Les 3 derniers kilos sont pris les trois derniers mois.

Plus que jamais, les petits repas sont souhaitables, l'estomac étant repoussé par le volume de la grossesse. Soyez très vigilant avec le sel. Gardez les aliments qui en contiennent déjà, comme le fromage et le jambon, mais supprimez le plus possible le sel de cuisson et le sel de table. Si un régime sans sel plus strict s'impose, supprimez les mets salés et remplacez les fromages par des fromages blancs ou de la mozzarelle. Évitez les eaux minérales riches en sodium, comme l'eau de Vichy.

Voici un menu type sans sel en cas d'albumine :
- un demi-pamplemousse ;
- une escalope de porc ou de veau au romarin avec ratatouille ;
- du riz au lait.

Ou :
- une salade verte avec huile d'olive, estragon et citron ;
- un bifteck ou une volaille au thym, accompagné de riz avec tomates ;
- du fromage blanc.

■ *Ne pas attendre pour maigrir*

Le poids de l'enfant plus celui du placenta, des eaux et du sang, représentent environ 8 à 10 kilos. Si la parturiente a pu, ou su, ne prendre que ces kilos acceptables, elle sera très vite en pleine forme.

Tâchez de ne pas négliger votre corps pendant la grossesse. Après, tout à la joie et à l'occupation du nouveau-né, vous aurez moins de temps pour vous. Je conseille toujours aux mamans qui ont trop grossi de s'attaquer rapidement aux kilos superflus, d'essayer d'en perdre quelques-uns avant qu'ils ne soient installés dans l'organisme, donc avant le retour de couches (qui se produit environ quarante jours après l'accouchement). Du moins, qu'elles commencent à être vigilantes. Le métabolisme reste encore accessible, le rétablissement du poids est plus facile qu'après.

Si l'on attend, les kilos superflus s'installent, exigent d'être nourris. Ils aiguisent systématiquement l'appétit. Il sera difficile de faire la part des besoins suscités à juste titre par l'organisme et ceux qui n'ont pas leur raison d'être. Et lorsqu'on est toute à son nouveau rôle de nourricière, les raisons de ne pas s'occuper de soi affluent. Même une maman décidée à allaiter son enfant a tout intérêt à ne pas se laisser déborder et à satisfaire sa faim, certes, mais pas n'importe comment.

Il n'est pas question de maigrir très rapidement, mais précisément en nourrissant les tissus de soutien : muscles, chair et peau, en fournissant les éléments énergétiques, en proscrivant le superflu pendant le temps nécessaire pour obtenir le poids de bien-être.

Sans ces éléments de soutien, le résultat est affligeant : effondrement de l'épiderme, ptôse (descente) des seins et des ligaments internes.

Quand on vient de prendre 10 kilos liés à une circonstance particulière et qu'ils ne sont pas installés, tout régime intelligent qui n'entame pas les kilos nobles permet de maigrir tout de même assez facilement. S'il n'y a ni manques ni dettes, seuls les kilos indésirables s'en vont. Il faut une alimentation équilibrée qui satisfasse toutes les fonctions et élimine, le plus rapidement et le plus strictement possible, ce qui est inutile, comme certaines graisses. Il peut y avoir un frein psychologique à cet amaigrissement : le rôle de « mamma » est très agréable. La maman hésite entre l'envie de retrouver son corps de séductrice et celui de rester dans l'état de béatitude de la grossesse, période généralement bien vécue.

■ *Allaiter ou pas ?*

Beaucoup de choses ont été dites sur le sujet. Les modes vont et viennent pour défendre ou mépriser l'allaitement maternel.

De toute façon, personne ne doit culpabiliser une femme qui n'allaite pas, quelle qu'en soit la raison. Cela ne porte préjudice ni à la santé du bébé ni à la relation mère-enfant. Aidée par son pédiatre, une maman trouve forcément le lait le plus adéquat, après avoir tâtonné avec les laits proposés, ne serait-ce que pour faire un gourmet de son bébé. Ma préférence va malgré tout au lait maternel. Je considère l'allaitement comme un prolongement de la relation mère-enfant, qui leur procure à tous deux une satisfaction et une jouissance. D'ailleurs, l'enfant recherchera cette sensation toute sa vie. Un autre avantage de l'allaitement est qu'il y a synchronisation entre l'heure du repas, l'appétit du bébé et une montée de lait : la tétée devient un soulagement pour le donneur et le receveur.

Le lait maternel m'apparaît aussi comme la meilleure des nourritures, car la plus naturelle. Il contient, en effet, protides, vitamines et glucides. La composition est parfaitement adaptée aux besoins du bébé, envers et contre toutes les théories et les dogmes à la mode qui président à notre société « développée ». C'est un bouclier pour ce petit être qui quitte sa bulle stérile pour affronter le monde des microbes. Il vaccine et protège pour longtemps. Si la maman veut et peut nourrir son enfant, c'est un cadeau supplémentaire à celui de la vie donnée. Les incompatibilités entre le lait maternel et l'enfant sont rarissimes. Le lait maternel n'a pas d'équivalent nutritionnel et « affectif ». Jusqu'à ce jour, les innombrables tentatives pour trouver un lait équivalent sont toutes restées très approximatives.

COMPARAISON DU LAIT DE VACHE ET DU LAIT MATERNEL (POUR 100 G)

	lait de vache	lait maternel
protides	**3,4 g** Le lait de vache contient plus de protéines	**0,9 g à 1,6 g** Le lait maternel contient un élément (la lactalbumine) qui lui permet d'être mieux assimilé. Une découverte récente octroie à cet élément un pouvoir anticancer
lipides	**3,6 g**	**3,1 à 5 g** Les lipides du lait de femme sont autodigestes
glucides	**4,7 g**	**6 à 7 g** Il y a moins de lactose dans le lait de vache mais la valeur calorique est équivalente
vitamine C	**2 mg**	**5 mg**
fer	**0,03 mg**	**0,15 mg**

Les mères doivent écouter leur envie ou leur réticence. Mais celles qui refusent d'allaiter invoquent fréquemment une raison physique : la crainte d'abîmer leurs seins. Elles se trompent : l'allaitement fait travailler les glandes. Et lorsqu'on cesse d'allaiter, la diminution du volume des seins se fait très progressivement. Bien évidemment, allaiter un enfant nécessite des précautions, mais ni plus ni moins que celles qui s'imposent en permanence. Les seins sont des glandes entourées d'une peau très fine et doivent constamment être soutenus par un bon soutien-gorge. Quand on allaite, les glandes étant au maximum de leur développement, il est certain qu'elles ont d'autant plus besoin d'être soutenues.

L'influence de certains maris est pour beaucoup dans la réticence de leur femme. Une sorte de rivalité les incite à leur déconseiller d'allaiter. L'arrivée d'un enfant les déconcerte souvent, quand elle ne les bouleverse pas. L'enfant « fait partie » de leur femme. Des pères ne se sentent concernés par cet enfant que lorsque celui-ci leur « donne » quelque chose en retour, qu'il leur manifeste attention et amour. En outre, les seins ont aussi une signification érotique, et des maris ont l'impression qu'on leur « enlève » quelque chose. Cependant, la nouvelle génération de papas et de mamans revient de plus en plus à l'allaitement.

Il n'y a pas d'alimentation spécifique à l'allaitement. Une nourriture équilibrée suffit. Il faut, comme toujours, des aliments sains, et, bien sûr, éliminer tout ce qui peut avoir une incidence négative sur le comportement de l'enfant : les excitants, de nombreux médicaments, les drogues et l'alcool, excepté de façon exceptionnelle un très bon vin. Évitez la famille des choux. Le soufre que les choux contiennent passe dans le lait et risque de déranger le petit intestin de l'allaité et de provoquer des diarrhées sans gravité mais qui inquiètent les parents.

Le moment du sevrage dépend de nombreux éléments, du poids du bébé et du lait de la mère. Mais il n'est guère indispensable de nourrir longtemps son enfant. En un mois, il est déjà magnifiquement nanti. En trois mois, il a un capital départ extraordinaire. Les pédiatres se sont aperçus qu'il était erroné de laisser un enfant trop longtemps dans le goût du lait, des bouillies et autres dérivés lactés. Plus le temps passe et plus il sera difficile de lui faire accepter d'autres aliments

LE BÉBÉ NOURRI AU BIBERON, DE LA NAISSANCE À NEUF MOIS

■ *De zéro à trois mois*

Quelques données ont résisté à l'épreuve du temps et permettent donc des indications rassurantes pour une maman peu initiée. On peut considérer que de la naissance à trois mois, le bébé prend six à sept biberons par jour, en gros toutes les trois heures, mais à des heures variables selon les bébés, qui trouvent leur rythme plus ou moins vite. À partir de la troisième semaine, on ajoute une cuillerée à café de jus de fruits frais. À partir de un mois, on peut ajouter une dose de farine dans un biberon, surtout si le bébé est au-dessous d'un poids normal, et selon les indications du pédiatre.

■ *De trois à six mois*

Pendant cette période, on initie l'enfant à la petite cuillère (modèle rond). On commence par donner à l'enfant ce qui « passe » facilement : compote, légumes bouillis, purée et soupe.

- 7 heures : bouillie lactée ;
- 10 h 30 : jus de fruits frais ;
- 11 heures : purée de légumes ou soupe et lait ;
- 15 heures : biberon de lait plus quelques cuillerées de compote ;
- 21 heures : une bouillie lactée légère ou un biberon.

Ne pas oublier de donner de l'eau plate faiblement minéralisée à un enfant, de la Volvic, par exemple. Certaines eaux contiennent un ou plusieurs éléments très prononcés qui peuvent s'assimiler à un médicament. C'est trop fort pour un enfant. Même aux adultes, je déconseille de les boire constamment.

■ *De six à neuf mois*

À six mois, l'enfant en est à quatre repas par 24 heures. Un biberon au réveil, un repas dans l'assiette à midi, une collation en milieu d'après-midi et un biberon le soir.

L'APPRENTISSAGE DU GOÛT

S'il n'existe aucune contre-indication, il est souhaitable d'initier les enfants assez tôt, vers trois à quatre mois, à d'autres goûts, d'autres saveurs que celle du lait. Pour leur plaisir et leur bonheur. Pour leur mémoire, aussi. Plus tard, ils les reconnaîtront.

Les premières années de leur vie, les enfants enregistrent, mémorisent de nombreuses sensations gustatives et développent toutes leurs papilles. Le goût s'éduque très tôt. L'alimentation des premières années est déterminante en matière de plaisir et de gastronomie.

Les papilles gustatives des enfants sont intactes et curieuses. Leur curiosité orale est sans limites, l'oralité étant leur première jouissance. Ils sont tout disposés à enregistrer une multitude, un bouquet de goûts. Toutes les perceptions qu'ils peuvent saisir leur sont étonnement et apprentissage de la vie. J'ai souvent assisté à cette curiosité, à ce plaisir, notamment avec mes trois enfants. Très tôt, alors que je les allaitais encore, du bout des doigts je leur proposais des traces de goûts d'aliments courants, comme du fromage, en particulier le roquefort. Cette initiation était jubilatoire. Leur étonnement, le bruit de leur petite langue recherchant la saveur, étaient une complicité de plus.

On doit faire son possible pour qu'un enfant devienne gourmet. Les mamans, je le sais, sont très occupées, mais l'initiation gastronomique que je propose est lente, progressive, pleine de possibilités et de variations. De ce point de vue, notre époque nous comble. Et ainsi, les parents se plaindront moins que leur enfant refuse les légumes ou les fruits. Certes, il faut s'armer de patience, cette initiation est un long apprentissage semé de bouderies et de caprices. Si l'enfant ne craque pas pour un artichaut à trois mois, ce n'est vraiment pas un drame. Cet apprentissage des multiples saveurs de la table devrait se faire avant deux ans. Après, l'enfant aura d'autres occupations, d'autres découvertes, il découvrira les mots et la marche.

Des parents reçoivent les conseils de tout leur environnement : amis, grands-mères. Actuellement, tous les petits enfants fréquentent des consultations pédiatriques. Et comme les avis diffèrent, les parents « perdent la tête ». Ils veulent tellement bien faire. Ils craignent toujours que leur enfant ne mange pas « de tout », ou trop de sucre ou pas assez de fruits, donc de vitamines, etc. Or, chez les pédiatres, il y a des modes, des dadas multiples, divers et variés. Les uns prônent une discipline horaire stricte. Les autres, la nourriture à la demande. Les uns prévoient le pire avenir à un enfant bercé, les autres considèrent cette absence comme un manque à jamais. Pour avoir côtoyé de nombreux pédiatres plus magistraux les uns que les autres, je fus à l'aise pour écouter ma fibre maternelle personnelle. Il faut observer le bébé, s'écouter, faire confiance à son bon sens, son intuition et son amour. Pour mon premier enfant, du haut de mes vingt ans et confortée par des théories récentes, je ne cédais pas avant l'heure convenue. Au bout d'un mois, l'enfant était réglé et faisait toutes ses nuits. Le deuxième, arrivé sur la lancée, à bénéficié d'un peu plus de laxisme. Même résultat au bout d'un mois. Lorsque le troisième, un an plus tard, a fait son apparition, il a eu droit au libre-service. Un mois après, les nuits étaient calmes pour tous.

Les fabricants de laits spéciaux pour les tout-petits font leurs choux gras des angoisses des parents. Il y a différents laits, maternisés ou adaptés, tous faits à partir de lait de vache, modifié avec plus ou moins de lactose, plus ou moins de gras, afin de le rendre assimilable par les enfants. Chacun a sa préférence. Une mère est bien placée pour savoir lequel son enfant supporte. En tout cas, jusqu'à un an, on donne aux enfants du lait en poudre, les différentes marques présentant assez peu de différences de composition entre elles.

À partir de un an, âge auquel on peut donner du lait de vache simple, sachant que la culpabilité rend les parents peu regardants sur le porte-monnaie, les fabricants n'hésitent pas à vendre un lait enrichi, à la valeur incertaine, à un prix supérieur au lait standard. J'ai dit plus haut ce que je pensais des aliments enrichis en vitamines, etc. Pour ces laits réservés aussi aux enfants petits,je pense que l'alimentation devrait fournir les vitamines dont ils ont besoin, et qu'il n'est point nécessaire d'aller en chercher sous forme de médicaments ajoutés aux aliments.

Quant aux petits pots, le manque de temps est pour beaucoup dans l'engouement qu'ils suscitent. La nourriture industrielle ne représente que 31 % de l'alimentation des petits de zéro à deux ans mais le nourrisson français bat le record mondial de la consommation, avec 93 kilos par an. Or ces conserves ne sont pas anodines. Les vitamines de synthèse obtenues par stérilisation sont quand même moins intéressantes que les vitamines vivantes. De plus, les saveurs homogénéisées ne favorisent pas l'éveil du goût. On s'est ainsi aperçu que les petits pots, si sains soient-ils, ne permettaient pas de distinguer les saveurs. Enfin leur consistance, purée ou compote avec quelques morceaux, n'apprend pas à l'enfant les sensations comme le fondant ou le croustillant.

Évitez de donner à votre enfant une nourriture monotone, préférez des aliments différents pour lui donner envie de goûter à tout. Je préconise des plats maison, agréables à la vue. Un enfant de quatre mois peut déjà déguster et partager avec toute la famille. Dès un an, il peut manger comme un adulte, en plus allégé et en très petite quantité, une multitude de plats simples et savoureux. Il n'est, bien sûr, pas question de lui mitonner un coq au vin ou un paris-brest, mais on peut lui faire découvrir des saveurs multiples et essayer de nouvelles associations entre le cru et le cuit, le sucré et le salé, l'acide et l'amer.

Je conseille donc de varier l'alimentation, de donner des fruits dès trois mois, des légumes à trois mois et demi et de la viande à partir de cinq mois, mais sans insister. L'interaction entre la mère et l'enfant sur la nourriture est très fragile. Si la maman est anxieuse, le bébé peut résister à ce qu'elle lui propose, et c'est l'engrenage. L'important est d'éviter de s'énerver s'il refuse un aliment et de ne pas s'enfermer dans des recommandations trop rigides. Il faut rester souple. Il est certain que, dans certaines circonstances, les petits pots peuvent dépanner (en voyage, par exemple).

LES ENFANTS PAS ENCORE SCOLARISÉS

À un enfant non scolarisé qui n'a aucun problème particulier voici ce que je propose. Une fois sevré, il est à quatre ou cinq repas par vingt quatre heures. Vu son petit estomac, il ne doit manger ni trop copieusement ni trop vite. Le matin, je recommande un laitage. Dans la matinée : une collation, un jus de fruits frais, par exemple. À midi : une protéine avec des végétaux et un petit féculent. Toujours ma règle des « 421 » : quatre glucides, deux protides, un lipide. Mieux vaut prendre la ration de viande au déjeuner. Le goûter, vers 16 heures, a une grande importance. Soit un gâteau de bonne qualité, avec, si possible, de la farine complète pour donner à l'enfant le goût de la vraie farine ; soit un laitage, un petit-suisse, par exemple. Le dîner sera léger : un œuf à la coque avec un mélange de légumes et de laitages, un gratin par exemple, ou bien une semoule, une crème avec du lait, une purée de légumes, une petite soupe. Pour le soir, j'ai un faible pour les laitages. Tout ce qui est à base de lait, salé comme du fromage ou sucré comme une semoule, calme, apaise. L'effet se prolonge pendant la nuit.

Il faut du sucre naturel à chaque collation. Celui du fruit, en compote, cuit ou en jus, celui d'une confiture de bonne qualité ou du miel. C'est l'une de mes grandes convictions. Si l'on donne à un enfant les sucres qui existent dans la nature, il saura plus tard distinguer le bon du mauvais sucre et il aura tendance à écarter des aliments trop sucrés.

J'estime qu'actuellement on abuse des aliments très sucrés ou très salés. Les enfants en arrivent à manger n'importe quoi, recouvert par du sucré ou du salé. Or trop de sucre risque d'entraîner un problème de poids ou un diabète, et trop de sel, un désordre rénal. Les papilles du sucré et du salé sont sollicitées de façon excessive et camouflent la vraie saveur des aliments.

Ainsi, je considère qu'on donne des bonbons d'une manière inconséquente. C'est devenu une institution. Un enfant se fait mal, pleure, s'impatiente : il a un bonbon. Il travaille bien : c'est aussi sa récompense. Apprécier le goût des bonbons n'est pas inné mais ce goût vient vite. L'industrie de la confiserie cherche à les rendre le plus alléchant possible, réfléchit même à l'emballage, dont l'impact a une importance considérable. Fort heureusement, beaucoup de parents décident, une fois pour toutes, de bannir les bonbons de l'alimentation de leurs enfants et veillent à ne jamais en avoir à la maison. Les enfants s'en passent fort bien, ne sont pas traumatisés pour autant. J'en connais qui en refusent tout naturellement. D'autres en mangent, une fois de temps en temps, chez des copains. Ils trouvent cela agréable, mais sans plus.

Je souhaite qu'en toute chose on laisse le naturel se développer, qu'on laisse ainsi un enfant prendre conscience de son corps. Actuellement, tout petit, il est déjà envahi, mitraillé par une multitude de « distractions », de jouets prétendument éducatifs qui conditionnent son instinct, alors que le corps est un jouet évolutif à l'infini ! Je ne cesse de m'étonner de ses ressources et de ses potentialités. Qu'il est fabuleux de regarder un nouveau-né assister à l'éveil de son corps, le voir prendre petit à petit conscience de ses possibilités, le voir fasciné par sa main, surpris de découvrir progressivement qu'avec ses doigts il peut accomplir tel geste, qu'avec ses pieds il peut faire une chose un jour, une autre le lendemain ! Le voir se dresser et, progressivement, conquérir sa machine. Conquête inépuisable qui lui donnera très vite l'envie de se connaître davantage et de se reconnaître à travers les autres.

LES ENFANTS QUI VONT À L'ÉCOLE

Les changements d'heure sont en partie responsables du dérapage du petit déjeuner. Il vient beaucoup trop tôt dans l'horloge physiologique des enfants. Quand on est endormi, les besoins dorment encore et, pour peu que la perspective d'une épreuve scolaire mal préparée s'ajoute, la digestion d'un « copieux » petit déjeuner est compromise.

L'idéal serait déjà de créer, dès le lever de l'enfant, un climat de tranquillité pour qu'il accepte de manger même léger, mais énergétique. Il sera alors plus facile de faire accepter une forme d'énergie sous forme liquide. Quelques gorgées d'eau réveillent de l'intérieur. Un jus de fruits frais réveille gaiement, par son goût, sa couleur et son effet. Quelques minutes après le jus de fruits, je conseille un chocolat avec du lait écrémé et du miel. Il faut à peine trente minutes pour ingérer ces éléments, entre un habillage et une petite toilette.

Vitamine C, protéines, calcium, magnésium et glucides sont ainsi donnés sous la forme la plus assimilable qui soi,t et l'enfant est pourvu jusqu'à midi. S'il a une épreuve de sport, prévoir une banane, une pomme ou quelques fruits secs. L'enfant sentira très vite la différence entre une matinée avec et une matinée sans petit déjeuner.

■ *Le repas du soir*

Beaucoup d'enfants vont à la maternelle dès l'âge de deux ans et demi. Le personnel est généralement très spécialisé, au fait de la diététique, et veille, dans l'ensemble, à ce que les enfants aient des repas réguliers et une nourriture précisément adaptée à leurs besoins physiques et psychiques. Avec notamment des féculents, des légumes et des vitamines naturelles. Pour nombre d'enfants, le déjeuner à la cantine sera peut-être le seul repas équilibré de la journée, le repas du soir étant trop souvent bâclé par les parents qui travaillent et manquent de temps. Bien sûr, l'agrément dépend beaucoup du savoir-faire de ceux qui élaborent ces repas à la cantine.

Avec la cantine à midi, quel serait le menu idéal du soir pour tout enfant scolarisé ? La réponse n'est pas évidente. Il faudrait déjà se renseigner sur les menus de la semaine (ils sont affichés sur les murs de l'école) pour établir un dîner qui soit agréable et utile à toute la famille. Les uns n'auront pas mangé à midi, les autres, insuffisamment ou mal.

Abstenez-vous néanmoins de compenser à tout prix par un dîner copieux, difficile à digérer et qui fera qu'on sera encore moins tenté de « petit déjeuner » le lendemain matin. À la viande rouge vite préparée je préfère des légumes pour leurs sels minéraux : en soupe, cuits, accompagnés d'une protéine légère, poisson, jambon, œufs, poulet. Le gratin est un plat complet puisqu'il mêle légumes et laitage. Les protéines lactées permettent une grande variation et ne compromettent jamais le sommeil. Un dessert agréable et léger va compléter le tout. Un laitage, yaourt, petit-suisse ou fromage frais avec du miel, ou bien de la bonne confiture, ou encore de la compote.

J'ai un penchant pour une alimentation végétarienne, puisqu'elle permet une plus grande variété et qu'elle apporte une multitude de sels minéraux différents. Ce sont les régimes hyperprotéiniques et hypervitaminiques qui ont donné plusieurs générations d'obèses aux États-Unis. Les protéines du lait, qui peuvent se décliner de multiples façons (desserts, gratins, fromages), apportent autant que les protéines animales sans toutefois les exclure : la viande rouge (peu), les volailles, les œufs, le poisson constituent le moyen de partager très tôt la nourriture familiale, et c'est souhaitable. Je conseille, pour les enfants, du lait écrémé ou demi-écrémé, toujours à cause de cette graisse en suspension, indigeste pour l'être humain la plupart du temps, mais aussi parce que les enfants d'aujourd'hui rencontrent trop souvent des graisses (frites, petits gâteaux en tout genre). Il vaut mieux les initier au fromage.

Faites attention aux rations. De nombreuses études ont montré qu'on programme un obèse dès les toutes premières années de la vie, avant quatre ans. Si on aiguise les papilles aux aguets, on a un gourmet. Si on développe les lipocytes (les cellules graisseuses), on fabrique un futur obèse.

Les quatre premières années de sa vie, l'enfant subit, absorbe, psychologiquement et physiologiquement, mais ne peut pas toujours apporter ses propres réponses. Avec une nourriture trop riche, trop abondante, il multiplie rapidement ses lipocytes. Et plus tard, à quantité et à qualité égales, il aura une prédisposition à « profiter » plus qu'un autre de tout aliment sucré ou calorique. Je ne dis pas qu'il n'y aura plus rien à faire mais il faudra veiller à son alimentation avec plus de vigilance encore. Beaucoup d'adultes trouvent injuste de ne pas pouvoir manger de tout. Il ne s'agit pas d'un tempérament, mais d'anciennes et mauvaises habitudes. Le mode de vie compte aussi. Plus on est actif, plus on brûle ses réserves. Encore faut-il que l'organisme ne soit pas épuisé. Quant à l'assimilation, nous avons tous, dans cette magnifique machine, une singularité, un foie plus fragile, un intestin plus long, des nuances que l'on découvre peu à peu. Il suffit de s'adapter ou de corriger.

Veillez aussi à préparer une nourriture variée, à offrir une multitude de goûts. Présentez les plats d'une façon gaie, amusante, qui éveille la curiosité et le sens critique, et non un conflit. Ne répétez pas sans explication : « Il faut que tu manges ceci, c'est bon pour toi. » Vous pouvez par exemple initier votre enfant au parcours du contenu de l'assiette, suivre les étapes et les corps de métier qui ont participé à son aboutissement. Si jusqu'à l'âge de quatre ans, pendant cette période où l'enfant a un pouvoir d'enregistrement maximal, vous avez pu l'initier à la nourriture, vous le verrez peut-être refuser, réclamer, exiger au moment où arrive l'âge des réponses. Il essaye son petit pouvoir tout neuf, ses protestations, ses provocations, peut-être aussi ses goûts et ses besoins. Difficile de faire la part de ces suppositions. Pas de drame ! Pas de forcing ! Un enfant normal ne s'est jamais laissé mourir de faim. Écoutez-le et essayez de comprendre. C'est l'âge où il faudra tenir compte de son évolution et de son caractère. C'est l'âge auquel l'enfant devient un vrai interlocuteur.

Réhabiliter la soupe

Souper sans soupe ne veut plus rien dire ! Le mot est à relier à la mère, à l'enfance, au passé, soit pour le regretter, soit pour le rejeter. Il comporte une nuance d'obligation : « il faut manger ta soupe pour grandir ».

La soupe nourrit, elle donne un sentiment de satiété. Une multitude de recettes permet un éventail de couleurs, d'odeurs, de saveurs appétissantes. Tous les légumes peuvent être transformés en soupe : soupe épaisse, soupe claire avec des petites pâtes, soupe rose, verte, blanche :

- potiron – poireau – cerfeuil ;
- cresson – pommes de terre – petite cuillerée de crème fraîche ;
- bouillon dégraissé de pot-au-feu – vermicelle ;
- tomates – avocat – petits croûtons ;
- légumes divers et variés coupés en petits morceaux reconnaissables...

■ *Les rondeurs des cinq-douze ans*

Bien des erreurs ont été commises avec les enfants. Les modes prennent le dessus, on n'écoute plus suffisamment un équilibre, un instinct. Un temps, ce fut la mode des enfants gros. On pensait que grosseur signifiait bonne santé. On voit ainsi, sur des photos anciennes, des enfants trop nourris, aussi dodus que les gros coussins sur lesquels il était de mise de les photographier. Or il y a une énorme différence entre grosseur et rondeur. La grosseur est étrangère à la nature. La rondeur, c'est la santé. Des mères s'interrogent devant l'aspect potelé de leur bébé, alors que c'est bien naturel. Un bébé doit avoir quelques rondeurs harmonieuses.

Mais il est capital et déterminant à vie de contrôler le poids de tout enfant avant quatre ans. Le voilà à l'âge où il va exprimer ses goûts, ses refus, sa possibilité d'aller tout seul au réfrigérateur, où il est capable d'acheter tout seul les bonbons vendus autour des écoles et se resservir à la table familiale.

Il y a des filiformes et des bien plantés, mais qui ne sont pas gros pour autant. La courbe du carnet de santé donne de bonnes indications. Si l'enfant sort de la marge considérée comme normale, si sa courbe de poids s'accélère plus que sa courbe de croissance, il ne faut pas nécessairement qu'il maigrisse, mais qu'il se mette à grandir sans grossir. Si l'enfant n'a pas « déboulé » vers cinq-six ans, si le petit ventre et l'estomac pointent nettement, il faudra tenir compte du caractère de l'enfant, faire preuve de patience et de diplomatie, et ne pas faire de la nourriture un enjeu. Souvent déjà, les réflexions et les moqueries de l'entourage sont cruelles. N'alimentez pas cet argument. Au contraire. Le temps de rétablir ce débordement, il faut aider l'enfant à assumer l'extérieur. Ne faites pas une anomalie de son poids. Il faut, doucement, gentiment, réduire très progressivement les quantités.

Il y a deux solutions. L'une consiste à faire manger l'enfant à part et à lui préparer (en réduisant les quantités) plusieurs aliments sur différentes assiettes, que vous mettrez sur un plateau qui servira de cadre. L'enfant peut ainsi avoir devant lui une petite coupelle de crudités, une petite coupelle de protéines (viande, poisson, volaille) garnie de légumes, un ramequin de crème caramel ou un yaourt, ou encore un petit-suisse. À voir tous ces plats, il aura un sentiment d'abondance. L'enfant peut aussi manger à la table familiale. Il est alors évident que la manière de manger des autres doit être « exemplaire ». Il faut être calme, bien mastiquer, ne pas se resservir.

Si l'enfant réclame, expliquez-lui que son petit estomac est plein et que, quelques heures plus tard, il pourra manger un fruit ou un biscuit. Il ne s'agit pas de grignoter mais de combler astucieusement un moment de fringale logique lorsque l'estomac a pris un pouvoir terroriste et que les kilos « squatters » réclament leur part. Dans tous les cas, essayez de faire boire l'enfant avant de manger, et très peu en mangeant.

Pendant cette remise en ordre, veillez à remplacer le bonbon-encouragement de la rentrée en classe par un fruit sec. À la sortie des classes, apportez un goûter « maison » plutôt que celui du pâtissier. S'il fait beau, l'enfant mangera ses 40 g de pain complet et une barre de chocolat (ou une banane et un biscuit peu sucré et complet) dans un endroit agréable. Sinon, il mangera à la maison un petit bol de céréales, ou un ou deux petits-suisses avec un peu de confiture ou du miel. Quant aux boissons, dans la période de réajustement, privilégiez l'eau plate, mais vous pouvez intercaler des jus de fruits de bonne fabrication. La boisson sucrée (à éviter pendant toute l'enfance) peut être exceptionnelle à une fête d'enfants, comme l'est le champagne pour les adultes.

Voici quelques exemples de repas :

Petit déjeuner

– 1 jus de fruits (orange) ;
– 1 bol (chinois) de céréales avec du lait.

Matinée

– 1 banane ou 3 fruits secs emportés.

Déjeuner

– si l'enfant reste à la cantine, laissez-le faire. De lui-même, il réduira peu à peu. Il vaut mieux ne pas l'exposer aux recommandations d'une surveillante.

Goûter
à la maison ou durant le trajet, mais préparé à la maison.
Au choix :
- laitage : 1 chocolat chaud au lait écrémé, 1 yaourt ou 1 petit-suisse à 20 % de matières grasses ;
- fruit : 1 compote ;
- 1 cuillerée à soupe de céréales ;
- 1 petit morceau de pain avec 1 barre de chocolat.

Dîner
- il sera un complément du repas de midi. L'enfant aura sûrement mangé des féculents à midi. Il en aura eu le matin et au goûter. Il vaut donc mieux lui offrir des légumes sous les formes les plus agréables mais toujours en limitant les quantités ;
- 1 gratin de légumes ou 1 soupe passée ;
- 1 œuf plus 1 purée d'épinards ou du jambon avec 1 purée de carottes ;
- 1 dessert peu volumineux, crème caramel ou pomme au four, ou encore 1 yaourt avec de la confiture ou du miel.

■ *Les courses et la cuisine*

Dès qu'un enfant tient sur ses jambes, emmenez-le au marché. C'est passionnant de le regarder et vous apprendrez beaucoup. Il se dirige instinctivement vers des aliments dont il a besoin, vers les fruits de la nature. Combien de fois ai-je vu un enfant s'emparer d'un radis, d'une fraise... Montrer aux enfants ce que la terre produit me semble essentiel. La nature est souvent plus belle que les jouets. Et c'est possible partout. Vous les verrez se remplir les yeux des couleurs et des formes innombrables qu'elle nous offre. Mais tant d'enfants ne savent même pas comment est faite une carotte, avant de se décider à demander quelle est cette chose allongée et orange, le jour où ils en voient une. J'exagère à peine. Les leurres alimentaires dévoient aussi leur goût. Après les petits pots anonymes, les malins de l'industrie alimentaire reconstituent pour les enfants des couleurs, des formes et des odeurs dans un aliment qui ne contient quelquefois rien de ce à quoi il veut faire croire.

La société de consommation emploie des gens très imaginatifs pour « piéger » les enfants lorsqu'ils accompagnent leurs parents dans les supermarchés. J'ai constaté dans mes quêtes et enquêtes comment les produits, leurs couleurs et leur emplacement à la hauteur des enfants les incitaient à ajouter leur choix dans le Caddie des parents.

Puisque cela est possible avec une boîte ou un emballage, comment ne pas penser que, devant un produit alimentaire, il n'aura pas la même tentation ? De plus, au moment de la consommation, l'ouverture d'une boîte me semble moins poétique que l'élaboration d'un plat avec ses ingrédients singuliers. Dès qu'il peut participer à la composition d'une soupe avec ses nombreuses possibilités de nuances, découper joliment les légumes pour composer une macédoine, quel beau jeu ! Je le sais, je l'ai vu, et lorsque mes petits-enfants proclament en société que je suis la « reine des soupes », je me sens très valorisée.

Il est bon de faire cuisiner un enfant. Qu'il participe, tout petit, aux préparatifs des repas, devienne chimiste, afin de prendre conscience, avec ses yeux, ses doigts et son nez, de ce qu'il mange. Très tôt, un enfant doit pouvoir identifier ce qu'il met dans sa bouche. Chaque élément peut être un jeu de construction personnel aussi passionnant que les jeux du Père Noël. Et en plus, cela se mange. Son sens critique se développera. Plus tard, il reconnaîtra ce qui lui est proposé. Parce qu'il aura élaboré des plats, aura touché, senti, respiré, il attachera de l'importance à la composition et pas seulement à l'apparence. Actuellement, la littérature lui propose des fictions, avec des héros qui, grâce à des préparations magiques, sont les plus forts et gagnent toujours. La nature est pleine de ces éléments magiques et palpables.

L'ADOLESCENCE

La démarche des adolescents est exploitée, récupérée. Cette démarche si naturelle, à cette étape de la vie, qui veut qu'ils refusent ce qu'on leur impose ou leur suggère, même si c'est valable. Ils ne font généralement pas dans le détail, rejettent en bloc les principes d'éducation et certaines nourritures, et partent en quête.

Ils veulent choisir eux-mêmes. Et ils ne choisissent pas toujours bien. Mais ce qu'ils mettent dans leur bouche est leur première liberté. Ce sont souvent des éléments défendus, à commencer malheureusement par le tabac.

Les adolescents optent souvent pour des lieux de restauration rapide. Certes, ceux-ci sont innombrables autour des établissements scolaires. Ce qui est proposé est généralement séduisant, mais le contenu, nul. La nourriture est dévoyée, pervertie, inintéressante pour l'organisme et les détourne de leur instinct. J'observe les adolescents. Ils parlent, parlent, parlent... Ils ne mangent pas, ils engloutissent.

Ce faisant, ils n'ont pas conscience de ce qu'ils mettent dans leur bouche. Impossible, dans ces conditions, de digérer correctement. Peu à peu, ils prennent l'habitude de terminer le repas avec la sensation d'un estomac plein, ce qui est rassurant mais inconfortable. Plus le temps passe, moins ils prêteront attention à leur alimentation et aux mécanismes de la digestion. La sensation de l'estomac plein restera pour longtemps la preuve qu'ils ont mangé. Ils ne penseront pas qu'ils ressentent un inconfort parce qu'ils ont mangé, trop vite, des aliments inutiles et difficilement assimilables.

La nourriture des adolescents contient généralement trop de sucres raffinés et pas suffisamment d'éléments de transformation, tels que les fibres, qui favorisent la bonne distribution des aliments, l'élimination des éléments néfastes à l'organisme et le maintien de ce qui est bénéfique. Du coup, déchets, mais aussi dettes et manques, s'accumulent. Cela amène beaucoup d'adolescents à ouvrir le réfrigérateur pour se jeter sur n'importe quoi. Ils n'ont de cesse de renouveler leur ration pour satisfaire leurs besoins.

L'industrie alimentaire ne les oublie pas non plus et invente pour eux aussi des nourritures séduisantes à la vue mais au goût artificiel. Peu à peu, ce qui leur devient important est l'apparence. Et comme ils mangent trop vite, ils s'habituent aussi à une jouissance rapide de la nourriture, à des goûts qui correspondent plus ou moins à l'aliment. Une fois de plus, il y a détournement du rôle de la nourriture, de la nourriture-plaisir, de la nourriture-énergie. Et on constate aujourd'hui que la plupart des adolescents souffrent de troubles digestifs, de problèmes de poids, d'inconfort et de douleurs d'estomac. Certains signes ne trompent pas : tout jeunes, certains ont une peau abîmée. Les jeunes filles ont déjà des kilos superflus. Des parents trouvent cela normal parce que : « C'est l'âge, ça passera », dit la coutume. Pas sûr, et quel dommage de ne pas profiter des joliesses de ce bel âge !

Les adolescents qui demandent mon aide ont abusé de la nourriture ou l'ont refusée. Ils souhaitent maigrir ou modifier leur comportement alimentaire. Avec eux, j'ai le beau rôle car que je suis neutre. Je ne prêche ni ne prophétise. Je me comporte en « technicienne », comme si je leur apprenais à conduire leur propre voiture. Ils apprécient toujours que je m'adresse à eux sans intermédiaire, hors de la présence de la personne qui, jusqu'alors, a géré leur nourriture. Je dois deviner la demande cachée derrière le mal-être exprimé par la balance ou une vilaine peau. Beaucoup d'adolescents ne veulent pas mûrir. Ils quittent à regret le monde de l'enfance, et les adultes les inquiètent et les effraient souvent. En corrigeant leurs erreurs alimentaires, ils prennent conscience de leur pouvoir et fortifient leurs ambitions.

Au fur et à mesure de la rééducation alimentaire, je constate une évolution de la relation parents-enfant, en particulier avec la mère. Au début, cette relation est souvent un peu agressive sous prétexte qu'ils consultent quelqu'un, qui est censé en savoir plus que leurs parents : « Non, maman, je ne mange pas ça. Madame "X" m'a dit que c'était mauvais pour moi. Laisse-moi, je sais désormais ce que je dois faire. » Avec le temps, s'installent généralement de meilleurs rapports. Des mères acceptent mal cette évolution, souhaitant inconsciemment garder le plus longtemps possible des relations nourricières avec leur enfant. Une façon comme une autre de ne pas couper le cordon ombilical. Il arrive alors que l'adolescent prenne le relais, convainque sa mère qu'il existe de meilleures habitudes alimentaires que les siennes, contrairement à ce qu'elle croit, et un rapport de complicité remplace le rapport de force.

■ *Comment répartir son alimentation*

La rééducation alimentaire que je propose **convient aussi aux adolescents**, d'autant qu'à l'adolescence le rapport à la nourriture est souvent conflictuel. Je leur demande d'abandonner les comportements dans lesquels ils se sont réfugiés. J'essaie de leur faire prendre conscience du fait que leur refus de s'alimenter correctement est un moyen de se distinguer, de se singulariser et de s'affirmer. Je leur démontre l'importance d'une alimentation équilibrée et leur explique la nécessité de tel aliment pour des raisons d'esthétique, de bien-être ou d'efficacité. Une nouvelle gestation.

Pour le ***petit déjeuner***, je préconise au moins un jus de fruits et un chocolat au miel. C'est facile à avaler et cela contient tout ce qu'il leur faut, de quoi attendre jusqu'au déjeuner. Le fait même d'apporter quelque chose à l'organisme le matin leur donnera une sensation d'énergie. Ils l'intégreront et partiront avec la sensation d'un corps actif et non d'un corps pesant qu'il faudra traîner. S'ils acceptent de prendre du temps, je leur conseille d'ajouter des céréales avec du lait écrémé ou du pain complet grillé avec un peu de beurre, ou encore une cuillerée de très bonne confiture. Ceci afin de ne pas se ruer sur un petit pain au chocolat, un croissant ou un chausson aux pommes dans les innombrables boulangeries qui jalonnent leur route. Ce qu'ils font généralement pour calmer une hypoglycémie.

Cette gâterie leur donnera peu d'énergie et des calories difficiles à brûler. Et elle deviendra peu à peu indispensable. Presque une aliénation, tant l'hypoglycémie est pénible et angoissante. Je leur demande donc de sortir de ce cercle infernal, de cette habitude qui les fait se lever le matin au dernier moment, partir l'estomac vide, acheter n'importe quoi en route, et partager, à midi, avec des copains, un plat indigeste, inadéquat aux besoins de leur âge, dans un lieu bruyant et enfumé.

Je leur propose de répartir la nourriture en **six petits repas :**
- un élément énergétique et de bonne qualité, le matin ;
- un en-cas facile à emporter, en milieu de matinée : fruit, banane, pomme ou fruits secs ;

– à midi, pourquoi pas un très bon sandwich au pain complet avec un fromage de qualité ?
– vers 17 heures, une autre collation à base de fruits ou de laitages ;
– et, le soir, un « vrai » repas. Il en faut au moins un par jour. Un vrai repas implique calme, environnement bien-aimé et aliments plaisants et sains. Il est physiologiquement essentiel pour combler les manques en protides, glucides, lipides, vitamines et sels minéraux. Psychologiquement aussi, il est essentiel parce qu'il constitue déjà l'apprentissage des plaisirs à partager dans les meilleures conditions. La considération de soi entraîne la considération de l'autre.

■ *Fille ou garçon*

Fille ou garçon, les besoins sont identiques. Le sexe ne change rien à l'affaire. Simplement, la mutation hormonale des jeunes filles étant plus bouleversante que celle des garçons, elle crée des impératifs affectifs parfois plus impérieux, que beaucoup comblent par des sucreries. Des jeunes filles se câlinent avec des douceurs. Certains garçons en font tout autant mais, moins pourvus en cellules graisseuses, ils subissent moins visiblement les conséquences d'une alimentation désordonnée. Ils ne grossissent pas autant. Il est vrai qu'on oublie un peu vite qu'une petite fille, dès lors qu'elle est pubère, prend son corps de femme. Certains s'étonnent de la voir s'arrondir. Certains se moquent même. Des jeunes filles assument mal ces formes, qui sont pourtant dans l'ordre des choses de la santé et de la beauté de la vie.

Les jeunes filles ont beau être plus réceptives à cause de leurs cellules graisseuses, prendre du poids n'est pas inéluctable. Il faut qu'elles aient conscience qu'elles traversent l'étape délicate de l'adolescence, durant laquelle on se transforme et on se cherche, et que le sucre n'est pas la solution. Il serait bon qu'elles combattent la cellulite dès que possible. La mode propose des exercices barbares ou des régimes expiatoires. Lorsqu'elles se privent de manger, muscles et chair se dégradent. Elles se retrouveraient, si elles continuaient, avec un squelette et autant de cellulite. Il n'existe en effet qu'un moyen de combattre celle-ci, c'est revoir sa manière de manger, s'appliquer, plus que jamais, à éliminer ce qui a permis à cette indésirable de s'installer : les graisses et, surtout, le manque d'eau.

VINGT-CINQ ANS

À vingt-cinq ans, nous sommes médicalement « vieux ». À partir de cet âge, le corps compense moins, rectifie moins, secrète plus lentement. Notre héritage, que nous avons plus ou moins gaspillé jusque-là, commence à s'user. Il envoie des messages de mécontentement : aigreurs, douleurs, ballonnements, fatigue, insomnie, manque d'endurance, etc. Il faut s'écouter, entendre ces messages, pour comprendre l'origine de ces inconforts et modifier son comportement. Trop souvent, des médicaments symptomatiques font gagner, ou plutôt perdre du temps, parce que le mal continue en sourdine.

Quel dommage ! Je prétends que si nous savions écouter notre corps, nous pourrions garder nos vingt-cinq ans à leur zénith très, très longtemps. Fi de devenir centenaire ! Bien vivre chaque moment de la vie donne un sentiment d'intemporalité.

LA TRENTAINE

Jusqu'à vingt-cinq ans, on a fait des « essais ». On a tâtonné, on a cherché, on s'est cherché. On a fait attention aux résultats et aux conséquences pour tenter de se trouver, de se déterminer. À trente ans, normalement, la sélection s'affirme. On sait – à peu près – qui on est. On sait décider ce qui convient et ce qu'il faut écarter, pour mieux avancer, au propre comme au figuré, tout en n'étant ni figé ni fermé.

Si tout va bien moralement et physiquement, si on a su identifier, définir les causes et les effets, tel un bon cavalier sur un cheval dont on commence à connaître les réactions, les capacités et les besoins, après quelques chutes et quelques reculades, on mènera la monture dans un accord de plus en plus plaisant, de plus en plus parfait. On osera sauter des obstacles en toute maîtrise. Oui, prendre de l'âge, c'est s'améliorer et non s'amputer, dans l'activité comme dans lc plaisir, sélectionner, s'ouvrir, larguer aussi, s'il le faut, en toute connaissance de cause.

LA QUARANTAINE

Elle est un « quitte ou double » pour l'homme comme pour la femme.

Ou le chemin déjà parcouru nous a permis de nous aménager intérieurement et extérieurement, et c'est un deuxième souffle. Ou, un beau matin, pas si beau que cela, nous nous trouvons handicapés et douloureux devant un constat brutal. Panique et tristesse nous envahissent et nous devenons des proies rêvées pour toutes sortes de solutions « miraculeuses » : pilules magiques, bistouris, amputations, autopunitions en tout genres. Si nous avons approfondi la connaissance de notre moi physiologique et psychologique, nous changerons d'habitudes alimentaires et nous apporterons les bonnes réponses aux manifestations inconfortables de l'organisme. Nous éviterons certaines maladies liées à l'usure du temps. Il n'est jamais trop tard pour bien faire. Si besoin est, on remettra en cause plus que ses habitudes alimentaires. « Quand il y a maladie ou douleur, c'est qu'il y a quelque chose à changer dans sa vie », affirmait Hippocrate, dont l'éthique est à l'origine du serment que prêtent les médecins.

Selon de nombreuses observations médicales, nous devrions prendre 10 kilos entre vingt et quarante ans.

Il est évident qu'avant vingt ans on se dépense physiquement davantage. Après, on devient souvent plus sédentaire. On s'installe dans des études prenantes ou dans un travail, un mariage, des grossesses qui amènent souvent plus de kilos que nécessaire, dans des exigences sociales, des obligations de toutes sortes, des sollicitations plus ou moins désirées.

Nous nous inquiétons alors et pensons avec nostalgie à nos vingt ans si minces. Mais cette prise de poids n'est pas inéluctable. Grossir n'est pas une maladie. Toute évolution entraîne un changement de comportement. Les kilos envahissent toute personne qui n'est pas, sinon vigilante, du moins attentionnée. Si on réfléchit, on s'aperçoit qu'effectivement on bouge moins, qu'on s'attarde plus à table pour des repas d'affaires ou des festins entre amis, qu'on fait davantage dans la gastronomie, l'art de la bonne chère. Encore que gastronomie et diététique ne soient pas contradictoires. La diététique, comme la gastronomie, est un art de vivre.

Il n'y a pas d'alimentation spécifique pour les vingt-cinq – quarante ans. Je tiens compte néanmoins des activités, de la vie familiale, mais surtout de la profession. Entre les « pigeons voyageurs », les sédentaires, ceux qui effectuent des travaux physiques pénibles et ceux dont le psychisme est mis à rude épreuve, comme les enseignants ou les gens en relation permanente avec l'extérieur, quelques nuances alimentaires s'imposent.

À ceux qui ont un travail psychologiquement éprouvant, qui provoque tensions et stress, je conseille de limiter tous les excitants extérieurs, comme le café, et d'introduire des aliments riches en calcium, véritable gilet pare-balles contre les agressions, et en vitamines naturelles (agrumes) pour l'énergie. Pour les sédentaires, j'insiste sur des aliments qui facilitent la distribution et l'acheminement de la nourriture afin d'éviter toute lourdeur et compenser le manque d'activité. La sédentarité entraîne un ralentissement des fonctions. On brûle moins de calories. *A contrario*, je prescris davantage de glucides aux personnes qui se dépensent physiquement, le sucre étant la nourriture des muscles. Il est évident que quand le corps bouge, les fonctions s'activent, on brûle davantage de carburant.

LA MÉNOPAUSE

L'écrivain Honoré de Balzac remarquait que son temps destinait les femmes de trente ans à la poubelle. Pendant des siècles, les rôles octroyés aux femmes furent ceux de séductrices et de reproductrices. Autant de rôles d'ailleurs fort importants et enviables. Mais avec l'évolution de la société, ces usages ont évolué. Lentement, il faut le dire. On autorise aujourd'hui les femmes à avoir d'autres aspects dans leur vie, à être des personnes à part entière.

Mais la majorité d'entre elles acceptent mal ce moment fatidique de la ménopause. L'absence de règles les angoisse. Le sang est la preuve de la virginité et du rythme de la reproductivité. Et puis, avant la ménopause, une femme ressent des pulsions hormonales, qui sont purement mais très joliment animales en plus du véritable désir amoureux. Disons qu'après la ménopause les femmes traînent moins, derrière elles, la cohorte des candidats à la reproduction. Personnellement, je considère que l'érotisme a mille facettes et que les relations entre les hommes et les femmes peuvent évoluer. Cette évolution est bien vécue si on accepte d'avoir avec le sexe opposé des relations sensorielles différentes, mais pas forcément moins intéressantes et moins érotiques.

Combien de femmes aussi avaient un charme et une beauté qui leur servaient de « sésame »! On ne leur refusait rien. La quarantaine puis la cinquantaine venant, les choses changent. Les gratifications, les manifestations flatteuses et les privilèges s'espacent. Alors, leur vie bascule. Elles se remettent en cause, remettent en cause leur environnement professionnel et affectif. Elles refusent d'être moins courtisées, constatent que leurs enfants ont grandi et se sont investis ailleurs. Elles refusent une certaine lassitude dans leur couple, voire une désaffection, d'où une certaine solitude. Elles refusent de vieillir et font de leur ménopause un cauchemar, un film d'horreur, un bouc émissaire. Elles l'accusent de tous les maux, notamment des kilos qui sont survenus.

Personnellement, je n'ai pas remarqué d'incidence physiologique entre le poids et la ménopause. En revanche, j'ai noté que de nouveaux comportements étaient intervenus dans la vie des femmes qui avaient grossi. Cela avait modifié leur alimentation et leur état nerveux. Entre quarante et soixante ans, les femmes diminuent généralement leur activité physique. Elles font autre chose de leur vie. Certaines d'ailleurs s'en satisfont, recherchent plus la tranquillité et la détente, goûtent la satisfaction d'une partie de leur vie plus ou moins bien remplie, apprécient plus leur chez-soi. Elles ne se plaignent pas d'être allégées de leur activité de maîtresse de maison, de mère de famille et de travailleuse d'« antan ».

La ménopause est une mutation, tout comme la puberté. Ces deux étapes sont souvent mal vécues, mais la ménopause n'est pas plus « dramatique ». Entre l'adolescente qui dévore parce qu'elle n'arrive pas à satisfaire son besoin affectif ni à se déterminer et la femme de cinquante ans qui s'isole, ou que l'on isole, les moments d'angoisse sont semblables.

Pour être passée par l'étape de la ménopause, pour connaître tant de femmes qui l'ont vécue, je me permets d'affirmer que certaines manifestations sont parfois amplifiées, exagérées, parce que cette période est encore difficilement acceptée dans notre civilisation.

De plus, on peut combattre, alléger ces manifestations. Certes, il m'est difficile de parler d'une manière générale parce que les femmes que j'ai reçues à cette occasion recherchaient un mieux-être. Elles acceptaient donc logiquement une certaine hygiène alimentaire et un certain mode de vie. Bien sûr, les fonctions changent, bien sûr, des modifications surviennent. Un mode d'emploi de soi s'impose. Un nouvel apprentissage modifiera les habitudes physiques et psychiques.

La sensation appelée « bouffées de chaleur » existe, mais elle est très souvent amplifiée dans la tête de celles qui l'éprouvent. Plusieurs fois, en ma présence, des femmes m'ont annoncé ce phénomène et exprimé leur angoisse. Souvent, je ne vois rien. La transpiration traduit un excès de fièvre ou de chaleur. Le corps réagit ainsi à un événement climatique, infectieux ou autre. Les bouffées de chaleur traduisent une mutation hormonale mais ne sont ni rédhibitoires, ni inéluctables. J'ai constaté qu'on pouvait les éviter, ou en tout cas diminuer leurs effets, en buvant beaucoup. La transpiration est une aide apportée au rein. Si le rein ne peut pas faire son travail, les pores de la peau exhalent cette manifestation. En revanche, s'il remplit correctement son rôle, les bouffées ne disparaîtront peut-être pas toujours mais seront très atténuées. Par ailleurs, boire beaucoup favorisera l'hydratation de la peau, qui a tendance à se dessécher avec la diminution de l'imprégnation hormonale.

D'une façon générale, on peut compenser ou combattre les manifestations d'usure. L'idéal serait d'y penser dès le commencement de la vie, de s'entendre, d'approfondir sans cesse la connaissance de soi, de respecter une hygiène alimentaire, tout simplement de respecter la vie. Il n'y a pas si longtemps encore, l'espérance de vie ne dépassait pas quarante ans. Les progrès technologiques ont permis d'avancer très vite dans la connaissance de l'humain. Avec tout ce que l'on sait maintenant du corps humain, on pourrait vivre confortablement très longtemps. Pourquoi ne pas en profiter ? Servons-nous de ces connaissances le plus tôt possible afin de conserver notre efficacité le plus longtemps possible, d'éviter certaines maladies, certaines douleurs. Cela devrait être possible. On le voit bien avec des gens que la vie n'a pas trop bousculés et qui n'ont pas été trop déformés par de mauvaises informations. Car, parallèlement, la société de consommation nous propose une multitude de solutions toutes faites et souvent inutiles.

L'ostéoporose

Cette fragilité osseuse qui survient à un certain âge chez l'humain est plus courante et plus précoce chez la femme. Elle n'est pas systématique. Elle est plus difficile à traiter lorsqu'elle est très présente. Elle fait partie des choses qui peuvent être retardées si l'hygiène de vie a présidé toute la vie durant. Ce qui retarde ce méchant phénomène, c'est l'exercice, une hygiène alimentaire, la quantité de calcium alimentaire, la vitamine D du soleil et des aliments, l'absence de tabac et la limitation de l'alcool.

Certaines femmes prennent des substituts hormonaux au moment de la ménopause. Indications et contre-indications se balançant, l'ostéodensiométrie (ce moyen moderne de mesurer la densité osseuse) permet de mieux diriger une prescription éventuelle.

LE TROISIÈME ÂGE, OU VINGT ANS APRÈS !

Les décennies passent, arrive la vieillesse. Mais qu'appelle-t-on vieillesse ? J'ai rencontré des vieillards de trente ans.

Platon fait des vieux ceux qui, n'étant plus sous l'empire de chevaux impétueux et sauvages, vont pouvoir bâtir des lois de sagesse. Chateaubriand écrit que, de son temps, la vieillesse était une dignité et qu'elle est devenue une charge. Le grand âge transforme, transmute. Au niveau de l'apparence, par exemple. Je ne vais pas faire l'apologie des rides, mais le visage de certaines personnes âgées me donne envie de les connaître, de les explorer, de leur demander le parcours de leur vie. La beauté de ces personnes qui ont aimé, se sont passionnées pour maintes choses, ont vécu nombre d'événements, heureux ou malheureux, parfois tragiques, m'attire autant que le visage tout neuf, tout lisse d'un nouveau-né. Ils connaissent la valeur de la vie. Au pire, ils pensent que « la vie ne vaut rien mais que rien ne vaut la vie », comme le disait l'écrivain André Malraux. J'aime que le temps dessine, autour de leurs yeux, comme des rayons de soleil et non des « pattes d'oie ».

Je constate néanmoins qu'on s'extasie rarement sur le visage « intéressant » d'une femme. On n'admire pas celles qui ont « pris une gueule » avec le temps. Cela reste le privilège des hommes, dont les moyens de séduction ne sont pas bridés par les codes de l'apparence.

Peu m'importe de devenir centenaire ou plus. Pour ma part, il me semble souhaitable de garder ses facultés physiques et psychiques, de conserver ses fonctions sensorielles, circulatoires, respiratoires et digestives le plus longtemps possible, quitte à s'en servir différemment. Arrivé à un certain âge – ou plutôt, à un âge certain –, il ne faut pas vouloir agir comme à trente ans mais continuer à se réjouir de performances adaptées à la connaissance de soi. L'expérience aidant, on devrait éliminer ce qui ne convient pas et acquérir une certaine sagesse. C'est le secret d'une belle qualité de vie. Il y a un temps pour tout essayer, tout aborder, et un temps pour trier, sélectionner. Il faut savoir vivre autrement les événements, en faire un autre usage, modifier ses activités, les adapter à d'autres désirs et au ralentissement des fonctions de l'organisme. À chaque âge correspond une autre façon de vivre la vie.

Imaginez que vous habitiez une grande maison conquise au cours des années. Il n'est guère recommandé de fermer peu à peu les portes de certaines pièces, par simple refus de les entretenir. Car, ainsi, vous réduisez peu à peu votre espace. Non, continuez à entretenir toute votre demeure. C'est important. Vieillir, ce n'est pas devenir inactif, tourner le dos à la vie, se recroqueviller, s'isoler. C'est devenir sélectif, exigeant, élaguer, trier ses activités, chercher l'essentiel. C'est pouvoir continuer, dans son espace, à recevoir des choses nouvelles. Si l'on ferme la porte sur certains espaces de soi-même que l'on n'a plus ni le courage ni l'envie d'entretenir, les fonctions se refermeront de plus en plus sur elles-mêmes. Tout va s'enchaîner. On s'étiolera de plus en plus. Enfermé dans un espace de plus en plus réduit, on ne saura plus y recevoir les autres.

Il faut être capable, de temps en temps dans la vie, de faire le vide, de mettre « autre chose » à la place, d'inventer, de créer. Une accumulation d'expériences ne devrait pas devenir encombrement, mais élaboration et enrichissement. Il me semble qu'un zeste de quiétude et de solitude, lire un bon livre, écouter de la bonne musique, apprécier les mouvements de la vie, entendre d'autres avis, d'autres convictions, d'autres aspirations, entendre sa propre musique sont autant d'activités qui peuvent combler de joie.

■ *L'alimentation des personnes âgées*

Elle dépend beaucoup de la façon dont elles ont conduit leur vie et leur corps, de l'état dans lequel elles arrivent à la vieillesse. Voilà pourquoi il serait souhaitable que la gérontologie soit jumelée à la pédiatrie. Cela faciliterait la correction d'un grand délabrement ou en freinerait les conséquences.

On s'aperçoit que, très souvent, l'organisme a démissionné par suite d'erreurs alimentaires. Ainsi, ceux qui n'ont pas suffisamment bu, leur vie durant, sont souvent atteints de déficiences rénales. Ils souffrent de douleurs articulaires dues au passage de l'urée dans le sang. Si le rein avait été entretenu, régulièrement nettoyé, il aurait fait son travail et aurait éliminé l'acide urique. Bref, ces douleurs sont souvent imputables à une hygiène ignorée. Quant au foie, il est évident qu'il a démissionné aussi, qu'il ne supporte plus rien et ne remplit plus sa tâche si l'on a abusé d'alcool. Des diabètes acquis par abus de sucre demandent un traitement à vie, particulièrement aliénant.

Si nous avons hérité un organe défaillant ou si nos erreurs l'ont mis à mal, les autres organes compensent un temps, mais eux aussi finissent généralement par s'épuiser. Si on connaît son point faible, on peut retarder, alléger, épargner cet organe en fortifiant les autres. Le reste du corps peut, sinon compenser, du moins le soutenir. Si vous avez un foie en mauvais état, soyez aux petits soins avec lui. Ne le brutalisez pas avec des aliments qui lui sont néfastes. Il continuera à jouer son rôle. Sinon, les autres organes s'abîmeront aussi.

Quand les fonctions démissionnent, les personnes âgées renoncent peu à peu à certains aliments. Il est vrai aussi que la sédentarité et la solitude n'incitent pas à l'élaboration de repas équilibrés. C'est un tort. Même âgé, on a besoin de tout et on peut manger de tout mais, moins que jamais, n'importe quoi. Contrairement à une idée répandue, il ne faut pas diminuer ses rations sous prétexte qu'avec l'âge les besoins diminuent. Il s'ensuivrait fonte musculaire et affaiblissement.

Les règles idéales d'hygiène alimentaire de toute la vie restent valables. Celle des « 421 » préside toujours : protéines, lipides et glucides. Ce sont les murs et le toit de la maison. Avant trente ans, protéines, lipides et glucides construisent solidement le bâtiment que nous sommes. Après, ils entretiennent sa solidité. Les vitamines et les sels minéraux, eux, continuent à meubler l'édifice, à lui donner son éclairage, son mobilier.

Concrètement, cela se traduit par **l'apport de tous les éléments au cours de chaque journée :**

petit déjeuner :
– un grand verre d'eau au réveil ;
– un jus de fruits ou un fruit (à prendre plutôt dans la matinée) ;
– un laitage (chocolat ou chicorée) ;
– biscottes ou pain, beurre, confiture ou miel.

déjeuner :
– un verre d'eau avant le déjeuner ;
– une entrée (tomates, œufs durs, poireaux vinaigrette...) ;
– un plat (volaille, poisson, veau, viande rouge) plus moitié de légumes verts et moitié de féculents (pommes de terre ou riz) ;
– un dessert (yaourt, compote ou crème caramel).

dîner :
– potage ;
– gratin de légumes avec fromage ou omelette aux herbes, ou fromage avec des légumes cuits ;
– dessert (riz au lait, yaourt ou compote).

Une *collation l'après-midi* est tout à fait bienvenue : lait ou thé, accompagné ou non d'un biscuit ou d'une tarte, ou encore d'un cake.

La nourriture doit être variée et facile à assimiler. Le ralentissement indéniable des fonctions oblige à s'adapter si l'on veut garder confort et bien-être. L'âge venant, on refuse de se sentir lourd en sortant de table, on tient à son sommeil et à ses activités. Pas celles d'autrefois. Des nouvelles. Cela implique d'abandonner plus que jamais ses mauvaises habitudes alimentaires. Il faut des repas légers entrecoupés de petites collations, avec compote, biscuit, fruit cru, gâteau de qualité. Une bonne sélection personnelle et un minimum de bon sens devraient permettre la fête d'un verre partagé ou une abondance inhabituelle.

Avec le temps, je suis de plus en plus convaincue que le plaisir de manger s'exacerbe. Les goûts évoluent. À un certain âge, on retrouve un peu ceux de son enfance. En vieillissant, les souvenirs refont surface, certains s'aiguisent même. Tel mets évoque des moments personnels intenses. Chacun devrait cultiver et honorer ses petites « madeleines de Proust », redevenir très instinctif, s'écouter, se faire confiance, garder les éléments qu'il aime, qu'il croit fastes.

La dentition est la faille de notre merveilleuse mécanique humaine. Ce rouage est mal fait. Dès l'âge de dix ans, nous avons nos dents définitives et nous devons « faire avec » toute notre vie durant. Elles ne se renouvellent pas et s'usent peu à peu en dépit des règles d'hygiène. Certains, chanceux, les gardent plus longtemps en bon état. Le mystère plane encore sur la question (comme sur la chute de cheveux). Le jour où il sera levé fera beaucoup d'heureux.

La seule solution, pour éviter maux d'estomac et troubles digestifs, consiste à manger des aliments qui n'ont pas besoin d'être broyés. La digestion passe par la mastication mais surtout par la salive, par l'imprégnation des enzymes de la bouche. Il faut donc mâcher le plus possible, savourer et déguster.

On peut manger de la viande hachée si l'on tient à la viande, des purées, des fruits cuits et des laitages, surtout si l'on ne mange plus de protéines sous forme de viande. Je sais que je parle toujours du calcium mais il est essentiel du début à la fin de la vie. À la vieillesse, avec la diminution de la densité osseuse et le vieillissement des cellules, on a particulièrement besoin de protéines et de calcium.

En fait, il n'y a rien de particulier à interdire ou à autoriser. Bien sûr, si l'on sent qu'un aliment ne convient pas, on l'évitera et on le remplacera par un autre. La vieillesse est une sélection, pas un isolement. Une sélection de tout. C'est être ouvert, disponible, mais ne plus se laisser encombrer par des choses qui ne vous conviennent pas ou vous fragilisent.

Ainsi, tout au long de sa vie, on doit se nourrir comme on conduit. On doit constamment revoir son Code de la route et savoir éviter les accidents.

CONCLUSION

Un éminent nutritionniste déclarait récemment, lors d'une émission consacrée aux « gros », que les régimes étaient vains et que les kilos perdus au prix de souffrances et de privations revenaient inéluctablement, sauf... chez quelques personnes exceptionnelles.

J'ai eu la chance de rencontrer beaucoup de ces personnes exceptionnelles. Ou alors tout le monde est exceptionnel à partir du moment où l'on se considère, où l'on cesse d'être pollué par les critères imposés par la société de consommation ou par la mode. Être mieux dans son corps, se mouvoir plus librement, être agile, effacer un inconfort, s'habiller à son goût, se mettre à table, seul ou en compagnie, sans culpabilité, on obtient tout cela en changeant quelques habitudes, en reconsidérant la qualité des aliments, en sélectionnant ceux qui méritent d'être choisis, ceux avec qui on les partagera, l'endroit où aura lieu cette « messe ». La satisfaction sera telle que j'ai du mal à imaginer que l'on puisse renoncer à cette qualité de vie. Ceux que j'ai aidés me confirment tout cela, à mon grand bonheur. Et ceci ne me semble pas exceptionnel.

LES ORIGINES DE MA PASSION

J'ai toujours cru aux vertus d'une alimentation saine, simple et naturelle. Peut-être est-ce parce que, tout enfant, deux expériences m'ont marquée.

À deux ans, une recto-colite hémorragique m'a terrassée. Les médecins pensaient que j'allais mourir rapidement de déshydratation et d'hémorragie. Les transfusions et les antibiotiques n'existaient pas encore. Je dois ma guérison à des yaourts fabriqués par des religieuses. Cet aliment était encore peu connu mais il m'a apparemment permis de mieux me défendre en aidant l'intestin.

Je dois à la ténacité d'une grand-mère d'avoir aujourd'hui encore mes deux yeux. Quand j'étais petite, le fer à repasser électrique n'existait pas encore. On faisait chauffer un fer sur le feu. Un jour, me trouvant à proximité d'une femme qui repassait, j'ai reçu ce fer dans l'œil. Les spécialistes consultés ont déclaré mon œil perdu. « Il n'y a rien à faire, qu'à attendre la cicatrisation », ont-ils affirmé.

Ma grand-mère, incrédule, irrationnelle et « originale », fit appel à une guérisseuse. Cela en cachette de ma mère, trop croyante, rationnelle et résignée pour accepter cette intervention « diabolique ». La guérisseuse concocta une préparation à base de plantes et autres ingrédients naturels à poser sur l'œil plusieurs jours de suite. La croûte tomba peu après et j'ai gardé mon œil. Les spécialistes avaient peut-être commis une erreur de diagnostic, mais je me rappelle encore combien cette histoire m'a « enchantée » en raison de la part d'irrationnel qu'elle comportait.

Ces deux événements m'ont intriguée. J'ai refusé une certaine fatalité et conclu que la médecine n'était pas tout et qu'une multitude d'éléments pouvaient intervenir quand on était abandonné, désemparé. Je me suis rendu compte que la science et la raison avaient leurs limites. Cela m'a donné envie d'utiliser des moyens moins « classiques » et moins définis.

Car, très tôt, la cause de mes plus grands chagrins fut la maladie et la souffrance d'autrui. J'ai toujours refusé l'inéluctable, voulu faire marcher les paralytiques, soulager les souffrances, supprimer la maladie. Celle-ci m'est toujours apparue comme un non-sens, une injustice, une aliénation, le pire des handicaps. On perd sa liberté, la pensée est altérée, on se recroqueville sur soi. Je n'ai jamais accepté le mot « patient », il signifie « pâtir, souffrir, subir ». Ma mère, brillante élève, passionnée par les études, fut atteinte à l'adolescence par une ostéomyélite (il n'y avait pas d'antibiotiques à l'époque) qui la laissa invalide d'une jambe. Elle dut renoncer à la carrière désirée de fonctionnaire de l'éducation : à l'époque, les handicapés n'étaient pas admis dans la fonction publique. Cela aussi me révoltait et me faisait haïr la maladie.

Difficile d'écrire la justification de mes choix d'exercice sans frôler la prétention ou la vantardise. Je le livre plus comme une illustration de mon originalité et de ma marginalité. Voyez-le ainsi. Lorsque j'ai voulu passer mon diplôme d'infirmière, le sujet de médecine était l'asthme. Le Dr Moligné, qui devait corriger ma copie, m'a fait appeler pour expliquer que, s'il m'avait mis 20 sur 20, c'est que mon traitement du sujet correspondait au niveau d'un étudiant en médecine de plusieurs années et que je devais basculer dans la médecine. Mon explication à moi est que, dans ces années où jour et nuit j'explorais les ressources de la médecine ainsi que tous les moyens de guérir de l'extérieur, on venait tout juste de découvrir la cortisone (en 1951) et peu de gens du monde médical étaient au courant. J'ai voulu comprendre le fonctionnement du corps humain. J'explique mal cet intérêt, cette passion même, qui remontent très loin, mon environnement proche n'étant pas lié au corps médical. Toujours est-il que j'ai préparé un certificat de puériculture tout en faisant mes études secondaires. Cette spécialité était la seule qu'on pouvait alors étudier par correspondance. J'ai effectué mes premiers stages dans les hôpitaux. J'ai versé des larmes d'impuissance et de rage devant la douleur des enfants, plus insupportable encore que celle des adultes, qui sont plus aptes, malgré tout, à y faire face. Leur maladie me paraissait encore plus « anormale », comme un « défaut de la nature ».

Il m'est toujours apparu évident que ce qu'on se mettait dans la bouche était primordial. J'observais que le corps répondait différemment selon que la nourriture était « bonne » ou non pour lui. Je me souviens d'un détail : toute ma famille buvait du café au lait à la maison. Moi aussi, mais je le vomissais aussitôt. Le médecin de famille tentait des traitements « placebo ». Rien à faire. Je buvais mon lait, le retenais, le retenais... vainement. Mon corps le refusait. Je retrouve cette sensation de nausée à l'évocation des mots « café au lait ». En revanche, le lait est devenu pour moi un ami irremplaçable.

Je suis un témoin de l'évolution des habitudes alimentaires et de l'invasion de la surabondance. J'ai vécu la guerre et bien sûr, durant cette trop longue période, la nourriture avait pris une importance considérable, mais personne n'était gros. Après la guerre, avec le retour d'une certaine abondance, j'ai vu des gens grossir très rapidement. Bien que d'une gourmandise légendaire, j'ai décidé que je ne serais jamais grosse. Il était inimaginable, inacceptable pour moi, vu l'harmonie d'un corps, qu'on puisse le déformer, l'abîmer, l'alourdir, entraver sa liberté et sa mobilité, devenir encombrant pour soi et pour les autres.

Certes, j'ai été élevée dans l'idée que les hommes étaient à l'image de Dieu. Est-ce pour cela que je pensais que le corps devait pouvoir répondre à toute situation, à tout événement, toute épreuve, par respect pour autrui et pour soi-même ? Très jeune, j'ai donc décidé que je ferais ce qu'il faut pour ne pas me trouver en état de faiblesse et de « non-réponse ». Il me semblait évident qu'un bon état général était déterminant et que celui-ci était lié à une alimentation équilibrée.

Deux personnages ont joué un rôle déterminant dans mon choix de vie. Deux grands-mères, toutes deux, semble-t-il, friandes des plaisirs de la table, et officiantes. Aujourd'hui encore, le souvenir de l'une d'elles est inscrit profondément comme la joie personnifiée d'être à table. Je ne la revois qu'attablée, le nez un peu rouge et les yeux brillants de satisfaction. Je me souviens aussi qu'à la fin de sa vie, ses déambulations étant devenues de plus en plus difficiles, elle rapprochait progressivement son lit de la cuisine.

L'autre, en revanche, aussi loin que je remonte dans mon enfance passée dans le beau département du Gers, resta en activité permanente. Encore aujourd'hui, je garde dans le palais le goût de ses galettes ingénieusement fabriquées pendant la guerre. Toute la famille allait glaner puis, par des moyens inhabituels et ingénieux, elle écrasait les épis, les moulait et nous préparait ces galettes qui avaient le goût de la cueillette et du désir de nous régaler dans une période de guerre où la nourriture était rare.

Plus tard, écologiste avant l'heure, déjà âgée, elle fit un retour à la terre, dans une ferme sans confort. Chaque jour, elle charriait des seaux d'eau d'un puits éloigné de la maison, faisait sa toilette de la tête aux pieds, pansait ses lapins et ses poules. Elle seule pouvait choisir les herbes adéquates. Je la revois encore aujourd'hui, après quelques tâches, se verser deux doigts de vin (de sa vigne) et déguster un biscuit à la cuillère (mais le meilleur biscuit de la ville) ou la moitié d'une pomme (mais la plus savoureuse), tout en esquissant un pas de danse à la musique de sa TSF. Plus tard encore, lorsqu'elle montait à Paris, chapeautée et gantée, je demandais grâce devant sa vitalité. Elle voulait tout voir. Elle s'est éteinte comme une bulle de savon, en ramassant des herbes.

Ces deux grands-mères ont vécu à peu près le même temps, très, très vieilles. Inutile, à la lecture de ce livre, et avec le « léger » parti-pris qui doit transparaître, de dire quel « parti » j'ai choisi. Chaque fois que je reviens dans le Gers, c'est une jouvence et une invitation à la belle vie : une réserve naturelle des bienfaits de la terre.

Ces deux grands-mères m'ont sans doute aidée à percevoir très tôt l'importance sensorielle de l'oralité et ses conséquences, et à ne pas en faire une perversion comme certains ont tendance à le faire. Ainsi, dans l'oralité, on apprend – et mes parents, eux aussi, m'avaient appris – que le plaisir est péché. Sans péché, il n'y a pas de plaisir. J'ai toujours refusé cela. Tout est prévu dans l'organisme pour que la nécessité de se nourrir soit un plaisir. Je revendique le plaisir sans la sanction et sans la pénitence.

Je garde le souvenir de fêtes extraordinaires à la campagne, de grandes fêtes d'abondance à l'occasion des vendanges et des moissons. J'étais encore enfant. Tous les voisins se retrouvaient autour d'une immense table, liés par un plaisir partagé après un travail commun. Ils oubliaient litiges et contentieux. Le côté âpre et violent de leur existence se transformait et devenait, tout à coup, autour de cette table, paisible, agréable, chaleureux, rassurant. Les repas duraient plusieurs heures. On les préparait toute l'année en gardant les meilleures bouteilles et les pièces de volaille les plus succulentes.

Ces fêtes merveilleuses n'existent plus, ou si peu. Dommage ! À la campagne, la mécanisation y est pour beaucoup. En ville, on se retrouve pour « faire une bouffe », mais plus rien n'est pareil. Les gens ont moins de choses à partager, moins d'activités communes. C'est l'évolution de notre société qui mène à cela. Chacun arrive, accablé par sa journée. Trop souvent, les convives ont juste le temps de manger. Du coup, ils mettent en avant la sensation du lieu et du repas plutôt que l'émotion de la nourriture et du partage. La sensation vient de l'extérieur. L'émotion, elle, part du fond de soi, rayonne et se communique.

J'imagine un monde où les échanges se limiteraient moins à la « bouffe », où l'on communierait dans le plaisir sensoriel d'une action et d'un effort puis dans celui du partage de la nourriture. On vivrait de nouveau la communion qui tend à disparaître.

Il était logique, une fois mes études secondaires achevées, de me lancer dans des études d'infirmière. Je voulais naviguer dans tous les services hospitaliers pour approfondir mes connaissances en anatomie, en physiologie, et mieux percer les mystères du corps humain.

L'anesthésie fut une autre de mes spécialisations. J'ai toujours cherché à connaître la personnalité et les ressources du futur opéré, afin de mieux le préparer à l'anesthésie, contrer d'éventuelles difficultés, ne serait-ce que sa peur. Et puis, je voulais savoir pourquoi il se retrouvait sur une table d'opération, pourquoi telle partie de son corps était en souffrance et pas une autre. J'étais frappée par les dégâts dus à une mauvaise nutrition. Je constatais que la grande majorité des opérations liées au système digestif aurait pu être évitée si les malades avaient mieux connu et traité leur organisme.

Décidément, la diététique était ma vocation ou la meilleure porte d'entrée.

Si j'ai renoncé à la médecine, c'est que j'avais une certaine prévention contre cette profession, telle qu'elle était pratiquée. L'indifférence de certains médecins vis-à-vis des malades me révoltait. J'observais certains « patrons ». Je les voyais parader, entourés de leur aréopage, internes et élèves. Ils n'écoutaient personne et n'acceptaient aucune contradiction ni suggestion.

Trop souvent, le malade était considéré non pas comme une personne mais comme un cas et, qui plus est, un irresponsable. Je n'entendais jamais, ou trop rarement, parler de sa participation. Les médecins ne s'intéressaient qu'à la partie souffrante du corps. Ils réunissaient les symptômes, établissaient un diagnostic puis une thérapie, toujours la même en fonction des mêmes symptômes. Certains établissaient des pronostics, osaient prévoir les échéances. Cela m'apparaissait comme un abus de pouvoir et de vanité. La médecine me semblait – et me semble toujours – trop enfermée dans des codes et des protocoles

Combattre systématiquement la maladie par des médicaments ne me semblait pas être la meilleure démarche. La plupart effacent le symptôme : la douleur, donc le signal d'alarme. La douleur est l'indication d'une malaise, ponctuel ou non. Elle nous affole, nous obnubile et devient alors de plus en plus insupportable. Tout le corps devient douloureux. L'angoisse inonde le corps d'adrénaline, celle-ci asphyxie nos moyens. Or, nous sommes susceptibles de fabriquer des anti-douleurs à l'aide de l'oxygène. Dans bien des cas, la douleur pourrait être plus supportable, tout en nous indiquant, bien sûr, que quelque chose ne va pas, et pourquoi.

Certaines personnes supportent inconforts, grandes douleurs et agressions spectaculaires car elles ont appris à les dominer, notamment en faisant du yoga, en respirant, en oxygénant leur corps. Il serait bon de ne pas s'affoler quand il y a douleur et de ne pas vouloir à tout prix l'éteindre avec des remèdes. On devrait en chercher l'origine – d'ailleurs, si on se connaissait mieux, on la trouverait dans bien des cas – et tenter de la contrôler. Bien sûr, elle atteint parfois de tels sommets que ce n'est pas toujours possible.

Mes nombreuses gardes de nuit, loin de tout remue-ménage, me permettaient d'avoir une relation plus intime avec les malades. À force d'écouter leurs confidences, j'étais de plus en plus convaincue qu'il fallait considérer l'individu dans son entité et tenir compte de son psychisme. Sinon, soigner revient à poser un masque sur la partie souffrante et le mal continue à s'étendre. Je voyais trop de chirurgiens, même excellents, opérer, puis se désintéresser. Je mesurais combien il est important d'écouter, d'apporter son savoir, son expérience, sa sensibilité et ses croyances pour faire participer le malade à sa propre guérison.

La médecine n'est pas tout. Elle soulage, diagnostique, mais l'être humain a sa part de « responsabilité ». Son histoire, sa vie affective, sociale, professionnelle, son psychisme et la connaissance qu'il a de lui-même, influent sur l'évolution et l'issue de sa maladie. Chaque individu, agressé dans son intégrité, peut réagir s'il rassemble ses moyens. Ceux-ci sont infinis, culturels, religieux, philosophiques, cosmiques. L'anatomie est la même pour tous mais la manière de s'en servir change beaucoup de choses. Et c'est à l'individu, si on lui fournit les explications nécessaires, de mettre en jeu, pour guérir, ses atouts personnels et son désir de vivre. Les résultats sont souvent spectaculaires et réjouissants.

J'ai suivi l'évolution de la médecine, ses innombrables et formidables progrès techniques. Ceux-ci permettent de mieux explorer le corps humain, de débusquer un problème, donc de le traiter plus rapidement et ainsi d'éviter parfois de lourdes opérations. Mais je voyais un revers à la médaille : la technique supplantait l'humain, le médecin était encore plus éloigné du malade, le « regardait » et lui parlait encore moins. Les réactions personnelles passaient encore plus aux oubliettes. Du coup, certains malades, touchés dans leur chair, cherchent des solutions qui leur permettent de se situer par rapport à leur mal, et adhèrent avec enthousiasme aux propositions « parallèles » : diverses techniques du mouvement du corps, de la respiration, médecines dites « douces ». Autant de pratiques et de techniques tout à fait sensées.

Lors d'une émission de télévision sur les guérisseurs, j'ai entendu un médecin vilipender avec violence les guérisseurs présents (peu convaincants, à mon sens) : « Les médecins et les guérisseurs, c'est le jour et la nuit ! » dit-il. Drôle de comparaison ! Que serait la nuit sans le jour ? Qui est le jour ? Qui est la nuit ? J'ai rencontré des personnes persuadées d'avoir été « sauvées » par des guérisseurs, d'autres rendant les médecins responsables de la mort de leurs proches. Je ne connais personnellement pas de « guérisseurs ». Pourquoi les médecins refusent-ils d'être aussi guérisseurs ?

Si j'abordais aujourd'hui la médecine, ce serait pour me consacrer à la recherche de ces organismes infiniment petits que sont les virus, les microbes et les bactéries. Je me pencherais sur le sida et sur le cancer. Je n'arrive pas à comprendre pourquoi nous sommes si en avance sur un programme militaire et si lents pour les fléaux de l'humanité. Et si je pratiquais la médecine, sans doute mettrais-je souvent les malades en congé afin qu'ils se retrouvent.

Je continue à refuser les protocoles temporels, les techniques à la mode, le rationnel à tout crin, l'indifférence vis-à-vis des malades. Je cherche à faire « autrement ». Je cherche à aider, à soulager, sinon à guérir par d'autres moyens.

Mes nombreux voyages à l'étranger n'ont fait que me confirmer mes impressions, mes aspirations et mes ambitions. Ainsi, dans une région de l'Inde, j'ai découvert le tantrisme, une forme de l'hindouisme. Je n'en suis pas devenue adepte mais cette démarche est proche de la mienne. Elle revalorise l'entité du corps, respecte autant le corps que la tête. Les deux doivent s'impliquer dans tout geste, tout acte, charnel, sensoriel, intellectuel. Rien ne se fait sans l'un et l'autre. Chaque acte est donc extrêmement conscient. Tel est mon but. C'est ce que les gens obtiendraient s'ils étaient respectueux d'eux-mêmes et avaient conscience qu'ils sont « divinité ». Cela est de l'ordre de l'abstrait, mais, plus concrètement, on sait que la chimie du corps intervient lorsque tête et corps participent en même temps dans tout acte : sexuel, créatif, sportif. L'organisme fabrique alors des endorphines, ces hormones qui donnent une sensation de bien-être, de légèreté et d'harmonie totale avec le corps. Une sensation qui s'apparente à celle que crée la morphine chimique. Lorsque tête et corps s'impliquent tous deux, nos actes atteignent plus de perfection, sont plus efficaces, plus épanouissants, et un certain nombre d'inconforts et de souffrances disparaissent.

J'ai approché aussi le chamanisme. Cette philosophie caractérisée par le culte de la vie par rapport à la nature m'a séduite. Elle m'a confirmé qu'une petite pilule magique ne suffit pas à guérir, que les échanges entre les êtres, l'écoute et le don de soi sont essentiels. Ils peuvent aider une personne victime de symptômes physiques inconfortables, de maladies dites « nerveuses » ou, selon l'expression consacrée, « psychosomatiques ». Devenir chaman prend autant de temps que les études de médecine. Au début, on se « quitte » pour s'incarner dans un animal. On tente alors de se comporter comme tel pendant un certain temps. Si l'on est cheval, on tente de hennir et de se déplacer comme lui, de galoper, de trotter... Puis on entre dans la peau d'un autre animal. On apprend ainsi, peu à peu, à se dépouiller de soi, à ne pas se comparer, à recevoir les sensations, les peurs et les sentiments d'autrui. On apprend en même temps à se renforcer par et dans la nature. Dépouillé et renforcé, on devient réceptacle : on peut absorber le mal d'un malade et lui envoyer un maximum d'énergie. Cela ne relève pas de la sorcellerie : tout être humain dégage magnétisme et énergie.

Décidée à faire autrement, j'ai pris contact avec le Pr Trémolières. J'avais déjà eu l'occasion de le rencontrer. Ce médecin est le premier à avoir réfléchi à la diététique. Après la guerre, lorsque les déportés sont revenus des camps de concentration, il s'est penché sur les conséquences désastreuses de la malnutrition et de la dénutrition. La nutrition entra dans les mœurs quelques années plus tard, avec l'apparition des surcharges pondérales.

Le Pr Trémolières était non seulement un grand médecin – il était alors considéré comme le pape de la nutrition –, mais aussi un philosophe, un humaniste. Quand nous avons commencé à travailler ensemble, c'était un homme d'une longue pratique. Grâce à lui, j'ai avancé dans ma quête. J'étais riche de l'approche intime que j'avais eue avec les malades et il appréciait mon enthousiasme et ma manière de voir. Il me poussait d'ailleurs à écrire un livre sur mon expérience, nuancée de la sienne, puisqu'il s'agissait de diététique préventive. Un sujet jamais abordé jusque-là. J'estimais alors ne pas avoir assez d'expérience. Je l'ai sollicité durant une dizaine d'années. Jusqu'à ce que hélas ! il nous quitte.

Tout ce qui pouvait se rattacher de près ou de loin à la diététique est devenu ma préoccupation majeure.

TABLE DES MATIÈRES

Cet ouvrage a été composé
par I.G.S.-Charente Photogravure à l'Isle-d'Espagnac
et achevé d'imprimer
par ***Bussière Camedan Imprimeries***
à Saint-Amand-Montrond (Cher)
en novembre 1998

N° d'édition : 17950. N° d'impression : 985230/4.
Dépôt légal : novembre 1998.
Imprimé en France